ÉVADÉS DE FRANCE PAR L'ESPAGNE.

" Quand conscience et consignes s'opposent, la conscience doit l'emporter ".

<u>Mise au point pour être bien compris.</u>

Le fait de l'évasion de France par franchissement clandestin des Pyrénées en 1942-44 **n'a aucun rapport avec la guerre civile d'Espagne.**

La plupart des personnes en cause dans ce livre étaient âgées de 12 à 15 ans lorsque cette guerre civile a été terminée en 1939 et que le général Franco a pris le pouvoir en Espagne, aucun rapprochement des deux faits n'est possible.

Aucun des Évadés de France ne pensait être arrêté en Espagne sur son parcours vers des troupes régulières françaises en raison de la neutralité "affichée" par le général Franco. C'était sans doute de la naïveté !

En réalité, Franco était un dictateur avisé, ne voulant pas déplaire aux Allemands en laissant aller de futurs soldats français ; d'autre part il ne pouvait pas se mettre au ban des nations alliées contre l'Allemagne en refoulant les hommes à la frontière. Il ménageait l'avenir en usant de la solution de l'internement.

Jean-Claude Beïret MONTAGNÉ

Les lettres…
…jamais Écrites.

sorties de la mémoire d'un Résistant

Évadé de France, interné en Espagne,

Engagé Volontaire pendant la seconde

Guerre Mondiale

OUVRAGES DU MÊME AUTEUR.

- LE SAVOIR-FAIRE DE L'ÉLECTROPHORÈSE, , chez l'auteur, 1972.
- Les LETTRES...JAMAIS ECRITES. 1939/1945-Résistants évadés de France et internés en Espagne avant de s'engager en France combattante en AFN, chez l'auteur 1992
- HISTOIRE DES MOYENS DE TÉLÉCOMMUNICATION, de l'Antiquité à la Seconde Guerre Mondiale, chez l'auteur, 1995.
- Eugène DUCRETET, pionnier français de la Radio, chez l'auteur, 1998.
- LE SIÈCLE DE LA RADIO, la radio à travers le XXème siècle, chez l'auteur, 2001.
- LE RADIO-DOCTEUR, restaurateurs de radio anciennes, chez l'auteur, 2004.
- TRANSMISSIONS, mise à jour et nouvelle édition de l'Histoire des Moyens de télécommunication, chez l'auteur, 2008.2013
- LA FILIÈRE ESPAGNOLE, film documentaire (DVD) sur l'évasion de France par les Pyrénées - Productions de l'Ours et chez l'auteur. 2007
- Mon COFFRE A SOUVENIRS, Résistants, Héros, Fiction, chez l'auteur, 2013-TROIS VIES,des vies bien remplies, chez l'Harmattan, 2023
- 1844 à 1925-DEUX VIRTUOSES EXCEPTIONNELS, chez l'auteur 2004.

© Jean-Claude Beïret MONTAGNÉ - 2010
3, rue des Fossés - 28480 - Thiron-Gardais (FRANCE).
Droits réservés.
courriel: jcbmontagne@orange.fr
internet: https://www.beiret-communication.com/
tél: 33 (0)9 62 57 71 39
ISBN: 978-2-3225-6972-4

*La Loi du 1er juillet 1992, Article 122-4 du Code de la propriété intellectuelle, précise que : "Toute représentation ou reproduction intégrale ou partielle faite sans le consentement de l'auteur ou de ses ayants droit ou ayants cause est illicite. Il en est de même pour la traduction, l'adaptation ou la transformation, l'arrangement ou la reproduction par un art ou un procédé quelconque". Article 122-5 : (extrait) "Lorsque l'œuvre a été divulguée, l'auteur ne peut interdire ... 2°- Les copies ou reproductions strictement réservées à l'usage privé du copiste et non destinées à une utilisation collective... 3°- Sous réserve que soient indiqués clairement le nom de l'auteur et la source : les analyses et courtes citations justifiées par le caractère critique, polémique, pédagogique, scientifique ou d'information de l'œuvre à laquelle elles sont incorporées"....
La contrefaçon est sanctionnée par les articles 425 et suivants du Code Pénal.*

Les lettres... jamais écrites

A ma femme qui a su m'attendre

A ma mère qui a beaucoup craint.

A tous mes camarades qui ont su montrer leur (exigeant) caractère en franchissant les Pyrénées, pour régénérer la France.

A mes compagnons, Pierre Durban , Pierre Weinstein, Michel Chmelevski, qui m'ont aidé à remonter le moral quand il le fallait.

A la mémoire des deux premiers qui ont quitté ce monde, avec une pensée pour Michel dont je n'ai pas eu de nouvelle depuis 1950.

édition complétée et illustrée 2025
précédentes éditions : ISBN 2-9505255-0-4
2-9505255-1-2

sous le titre : Les lettres que je n'ai jamais écrites

PRÉFACE

Ce livre "Les lettres... jamais écrites nous rappelle la place des Évadés de France par l'Espagne au cours de la seconde guerre mondiale.

Ces hommes, traités comme des marchandises d'exportation, échangés contre du blé et des phosphates.

Ces hommes considérés par les Franquistes comme des communistes alors qu'ils étaient simplement des Français refusant la défaite et la honte.

Ces hommes qui voulaient être des combattants en vue de libérer leur Pays et qui croupirent durant de longs mois dans les geôles espagnoles au lieu de donner un sens à leur patriotisme en étant acteurs des combats.

Ces hommes, il faut malheureusement l'avouer, qui furent les victimes des désaccords entre leurs propres généraux.

L'histoire n'a retenu que quelques célébrités, mais leur effectif équivalait à une division.

Préface

Leur participation à l'acte guerrier n'a pas répondu à une obligation, aucun d'eux n'a reçu une convocation d'office ni un ordre de mobilisation quelconque.

"La patrie en danger" a été leur motivation. Citoyens sous le joug nazi, ils ont choisi de tenir une place de combattants en s'évadant de France, en passant par l'Espagne pour rejoindre les forces combattantes.

Ces hommes, célèbres ou anonymes, trop longtemps méconnus, méritent notre considération et la gratitude de la Nation.

colonel (H) Joseph MULLER †

Les lettres... jamais écrites

AVANT-PROPOS

En 1990, les années ont passé, l'auteur s'est résolu à raconter des faits. Même les petits enfants des uns ou des autres de nos camarades n'ont jamais eu droit à un récit qui, cependant, fait partie de la petite histoire : cet accompagnement de la grande Histoire qui lui permet d'exister. Certains pensent que c'est de la pudeur de taire à ses proches les détails d'une aventure qui s'est bien terminée. Peut-être est-ce cela, peut-être aussi est-ce que, le devoir accompli, on n'avait pas tellement le temps de se raconter. Le plus urgent était alors de chercher à assurer la vie matérielle, et ceci n'était pas une mince affaire.

Le vieux dicton : "Qui va à la chasse perd sa place" n'a jamais été si vrai que dans les tristes circonstances de cette guerre qui fut d'abord une défaite honteuse pour le pouvoir, pour la classe politique, pour les hauts responsables militaires des vingt années précédentes.

Défaite qui a été masquée, sinon effacée (efface-t-on jamais l'humiliation ?) par une victoire ultérieure gagnée à la force du poignet et de la volonté, derrière des chefs courageux, patriotes, sans moyens mais possédant la volonté de vaincre : de Gaulle qui a pris le flambeau éteint et l'a rallumé, convainquant les

Avant-propos

Anglais de sa bonne foi, ainsi que Giraud, Koenig, Juin, de Lattre, Leclerc, Catroux, Legentillhomme, de Monsabert, Béthouard, Barré,.., et tant d'autres qui ont concouru à sauver l'honneur de notre Patrie, et le nôtre.

Aussi bien, nous rentrions au pays en demi-guerre terminée, quand les citoyens avaient eu le droit de choisir les places vacantes dans ce qui restait d'activité commerciale ou industrielle. Il n'y avait plus de place pour nous, il fallut encore lutter... autrement. Les êtres chers, parents, fiancées, épouses savaient assez de nos aventures par les grandes lignes, renseignés en trois mots par une lettre ou au cours d'une permission lorsque cela devint possible. Nous avions souffert ensemble, bien que séparés de corps mais unis par les âmes. Pas un jour ne s'écoula durant cette période, où notre méditation comme nos actes ne fussent dirigés vers nos familles. Et puis, qu'importait alors le détail, on était réunis. Plus tard, les enfants pourront savoir. A quoi bon, l'Histoire devrait leur suffire en priant Dieu qu'il leur épargne la peine de la recommencer. Les récits, eux, restaient entre nous Anciens Combattants volontaires, pour nos réunions, un peu aussi pour nos épouses dégagées des enfants.

Bien entendu, les lettres qui suivent n'ont jamais été écrites. Pour deux raisons : la première c'est qu'il y avait une censure et que la lecture d'une de ces lettres par un autre que le destinataire aurait eu des conséquences fâcheuses. La seconde, on le comprendra ensuite, c'est qu'un prisonnier

Les lettres... jamais écrites

en terrain ennemi ne peut vraiment pas dire ce qu'il pense et que les seuls messages possibles -parfois- sont acheminés par la Croix-Rouge, à la condition d'être sans saveur et sans couleur.

Des notes prises au jour le jour par l'auteur dans un agenda de poche ont été d'une grande utilité pour les détails. La mémoire a des lacunes après des années et si certaines scènes restent gravées à jamais dans l'esprit, elles ne forment qu'une chaîne rompue par endroits. L'impression générale demeure, bien atténuée. Trop atténuée pour un récit exact.

Les notes sont, en cela, précieuses, comme le diapason l'est au musicien, pour retrouver le ton juste de sa mélodie.

L'auteur prie instamment le lecteur de comprendre qu'il a voulu conserver les états d'âmes qui étaient les siens pour chaque période correspondant à ces treize lettres et qui avaient été consignés dans son agenda. Il y eut des hauts et des bas, nous n'étions pas des héros de bande dessinée, seulement des hommes à la sensibilité exacerbée par les épreuves physiques et surtout morales.

Jean-Claude Beïret Montagné

Aide-mémoire pour la présente édition.

Depuis le 4 septembre 1942 et la loi de réquisition,

personne ne se sentait à l'abri. Mais le zèle pro-nazi de Pierre Laval va venir compenser l'insuccès des mesures précédentes. Les toutes petites entreprises ont été parmi les premières à être frappées de fermeture par une décision officielle.

Une maison fermée, tout son personnel se trouve sujet à être arrêté, faute de pouvoir exhiber un certificat de travail dûment visé par le commissaire de police. Tout homme en âge de travailler risque alors le voyage imposé vers l'Allemagne.

Ce ne sera que le 16 février 1943, que la Loi obligera les jeunes gens des classes 1920 à 1922 à partir obligatoirement travailler en Allemagne, qu'ils soient alors employés ou non. Ce fut le S.T.O., Service du Travail Obligatoire qui d'ailleurs était apparu sous le titre de Service Obligatoire du Travail jusqu'à ce que quelqu'un remarque que le sigle en Français avait une consonance regrettable. Il y a parfois des raccourcis fâcheux. S.O.T. n'était pas engageant !

Certains sont partis, d'autres n'ont pas obéi et ont choisi une voie différente, ce furent des Réfractaires. Parmi ceux-là, les Évadés de France par l'Espagne dont la volonté était de rallier la nouvelle armée française alors en cours de formation en Afrique du Nord après le débarquement de nos Alliés le 8 novembre 1942. Hitler avait profité de cet événement pour rompre l'armistice signé avec la France et pour occuper la totalité du territoire jusqu'aux Pyrénées et à la mer Méditerranée.

Les lettres... jamais écrites

PREMIÈRE LETTRE

Paris, décembre 1942.

Mon cher Henri,

Il fait froid ici, comme partout ; cet hiver 1942 est dur à supporter. Nous sommes presque privés de moyens de chauffage ; on nous apprend à confectionner des briquettes avec du papier de journal mouillé et tassé dans des caissettes. On laisse sécher et ça brûlera comme du charbon... Tu parles, il aurait fallu préparer ça en été. Maintenant, il faudrait allumer du feu pour que ça sèche ! C'est l'histoire de la poule et de l'œuf.

Qui était le premier ? Au travail, on triche pour se chauffer. Nous sommes sur le réseau de courant continu de Paris. On arrive à faire marcher un radiateur électrique entre la prise de courant et un tuyau d'eau qui sert de prise de terre. Le compteur ne tourne pas. Il y a tellement de fuites sur ce réseau antédiluvien que jamais personne ne s'en apercevra. Mais le pauvre et bienvenu radiateur ne peut pas tout faire alors il y a le poêle à sciure de bois.

Corvée de sciure, je te rassure nous ne scions pas nous mêmes, mais il faut aller en chercher des sacs chez le bougnat du quartier et les transporter jusqu'au bureau dans une voiture à bras louée chez le même fournisseur. Ensuite, quatre étages plus haut les sacs sont rendus, à dos d'homme.

C'est la première action du chauffage au bois, il chauffe avant même d'être brûlé. Ensuite, l'approvisionnement pour quelques jours étant effectué, c'est la corvée matinale du tassement de la sciure autour d'une sorte de long cylindre en bois planté verticalement au centre du poêle ; quand on retire, bien droit, verticalement, le morceau de bois, on espère avoir créé une sorte de cheminée centrale dans la sciure.... et c'est raté une fois sur deux parce que la sciure est trop mouillée, ou bien trop sèche. Ou simplement parce que le préposé du jour n'a pas assez tassé, ou a trop tassé, ou a tremblé de froid, ou bien parce que les copains l'ont regardé ironiquement. Enfin quand c'est réussi, on allume.

Le comité des nez-gelés au complet se rassemble pour la cérémonie afin de capter même la chaleur de l'allumette salvatrice. La secrétaire, Vestale de service dont les doigts gourds mitainés ne reconnaissent plus le A du Z sur le clavier de sa machine à écrire, se charge de veiller à la pérennité de la flamme qui monte dans le fameux trou si chèrement obtenu. Dans un geste hiératique, la Vestale tend ses bras vers le poêle, tantôt paumes en bas pour le bénir, plus tard, paumes en haut appelant la faveur de Vulcain. Je dois à la

Les lettres... jamais écrites

vérité de dire que jamais le dieu du feu ne nous a trompés après les affres initiatiques de la préparation du foyer.

Cela chauffe, mais nous vivons dans la poussière et les heures de chauffage sont comptées. La dose, c'est tout ; il tient à peu près 7 heures si l'on a pris soin de régler le tirage au long de la journée. Le lendemain matin commence par la corvée de cendres... c'est fin la cendre de sciure de bois, ça vole partout ; gare au maladroit dont le geste imprécis obligera à ouvrir les fenêtres !

Il faut bien que le ciel s'en mêle et nous rende la vie plus dure. C'est curieux que, pendant les guerres, il fait plus chaud que chaud et plus froid que froid. J'ai entendu les récits des Anciens Combattants de la dernière guerre ; Ils disaient la même chose.

J'ai réussi, par une combine incroyable à acheter de bons godillots. Le cuir en est épais et dur comme du bois, à croire que les bovidés qu'il recouvrait naguère ont fait l'exode avec un régiment de blindés..., mais la semelle est en cuir. Il était temps, je me demandais si je n'allais pas être obligé de marcher dans la neige sur mes chaussettes !

La même combine m'a procuré aussi une veste de cuir doublée de laine. Je suis plus à l'aise, d'autant que ma Mère, qui gardait au fond d'une malle un tas de vieilleries, s'est souvenu d'une petite pièce de fourrure de loutre qui s'adaptait à merveille au col de mon "cuir". Ça tient chaud aux oreilles, quand le vent ne souffle pas trop fort.

Alors mon vieux, la tenue habituelle de ton Parisien d'ami

première lettre

c'est le pantalon de golf sur les chaussettes de laine tricotées maison avec de la laine récupérée sur ce que les mites ont laissé d'un ancien gilet. Au pied, les susdits croquenots. Pour le haut, c'est standard, gilet de laine tricot maison, seconde main, ou peut-être troisième, le veston et le cuir. Un béret couronne l'édifice.

Tout cela me permet d'aller au boulot et de prendre le métro dans des conditions assez confortables. A propos de métro... te souviens-tu, quand tu étais venu à Paris, de ce transport souterrain bruyant et malodorant qui défile devant des murs où l'on peut lire à longueur de trajet Dubo..Dubon...Dubonnet ? Il brinquebale toujours son troupeau tassé où s'ajoutent maintenant quelques uniformes "feldgrau" un peu gênés de voir les autres passagers leur tourner ostensiblement le dos.

Quelques petits gradés conservent un peu d'arrogance en première classe, surtout dans la casquette en forme de tuile, retroussée par devant. Et bien, imagine-toi que nous avons résolu de ne plus l'appeler Métropolitain, mais Pétain-mollit-trop. Tu vois que pour maintenir le moral, nous ne reculons devant rien.

Enfin, depuis que les Cosaques et les Germains ne sont plus copains, on a fini de voir les moustaches de Marcel Cachin appelant par affiches les camarades ouvriers à aller bosser en Allemagne pour faire libérer des prisonniers français... disent-ils !

En échange, les avis de fusillades d'otages les ont

Les lettres... jamais écrites

remplacées, hélas trop souvent pour compenser l'assassinat d'un sous-off allemand, pauvre pion pris dans un jeu d'échecs truqué.

C'est ainsi qu'un jeune homme, Jacques Bonsergent, vient d'être tué par les Allemands après avoir été arrêté avec plusieurs autres, au hasard. C'était le cousin d'un de mes bons amis.

Tout à côté de ces tristes avis, il y a la propagande et les appels à la collaboration : " Venez travailler dans le grand Reich, vous serez bien nourris et bien payés et vous contribuerez à la lutte contre la franc-maçonnerie et la juiverie internationale ". Ils nous prennent vraiment pour des minables..... C'est vrai qu'on ne leur a pas prouvé le contraire !

A présent, plus question de zone libre. Depuis le débarquement allié en Afrique du nord le 8 novembre, les Fridolins occupent tout le territoire. Ils s'énervent, on dirait que la rive africaine les inquiète. Je ne sais pas comment c'est dans ta campagne, mais ici on est de plus en plus surveillés.

Depuis l'instauration du S.T.O. service du travail obligatoire, (en Allemagne, mention non précisée sur l'étiquette), on n'en mène pas large. Presque à chaque fois que je prends le métro, des policiers français en civil arrêtent les gens pour demander leurs papiers. L'autre jour, un de ces flics a cru faire une trouvaille. En me pelotant pendant que son collègue vérifiait ma carte d'identité, il a senti quelque chose de dur dans la poche intérieure de mon veston. Sans ménagement, il y a plongé la main et s'est trouvé vraiment bête en sortant... un peigne. Ils font du zèle, ils auront toujours beau jeu. Fonctionnaires de l'État... obéir aux ordres !

Ceux-là aussi, qui ont effectué la rafle des Juifs le 16 juillet à Paris en donnant un sérieux coup de main aux Allemands, ils obéissaient aux ordres. Pour beaucoup, par malheur, les ordres sont plus forts que la conscience ! En outre, si l'ordre est en accord avec leur état d'âme, comme par exemple l'antisémitisme, alors on en rajoute.

Tu sais que je travaille dans le quartier du Cirque d'hiver. Le onzième arrondissement de Paris est habité par un grand nombre de Juifs, artisans, commerçants, ouvriers. C'est une pitié de voir ces pauvres diables affublés de leur étoile jaune avec le mot JUIF, brodé au milieu.

Quand on pense que la propagande nazie nous montre des espèces de vampires assoiffés de fric et prêts à violer de pauvres filles chrétiennes comme dans le film "Le Juif Süss". Et là, sur le boulevard Beaumarchais, je vois de pauvres ouvriers, mal vêtus comme n'importe qui, tirant une voiture à bras chargée des marchandises qu'ils rapportent à leur atelier.

Bien sûr qu'ils sont typés, que la plupart ont un accent effrayant, depuis quand est-ce un défaut ? Les Allemands ne sont-ils pas typés aussi ? Si leur moustachu n'était pas venu nous chercher, on ne leur en voudrait pas d'être "typés", chez eux à l'est du Rhin, ni d'avoir un accent à couper à la serpe.

Pour parler de la circulation parisienne, je vais te raconter

Les lettres... jamais écrites

une anecdote. Ma Mère est une hardie cycliste depuis que je lui ai appris comment faire du vélo, en 33 ou 34. Non seulement, cela lui avait servi en juin 40 pour me rejoindre près de Limoges où le laboratoire de mon employeur s'était "replié", mais à présent, elle chante dans les églises pour les mariages ou les enterrements, et le vélo lui est d'une grande utilité. Le métro ne dessert pas la banlieue et les bus à gaz avec leur toit surélevé n'assurent pas un horaire précis. Un chanteur cycliste est apprécié et sûr de trouver des "cachets".

Or, les Boches ont décidé d'appliquer aux Français le système allemand : quand c'est aux autos de passer, c'est pas aux piétons de traverser ! Et réciproquement, ainsi que le chantait Raymond Souplex avant la guerre.

Comme nous bénéficions de passages cloutés depuis le préfet Chiappe, voici une frontière matérialisée pour que les véhicules marquent l'arrêt au commandement de l'agent de la circulation.

Avec les agents parisiens qui savent s'y prendre, ça va ; mais sur le trajet des Fridolins, ce sont les leurs qui font la circulation.

Il advint que ma Mère arrivait sur son vélo modèle 1925, tout acier, 20 kilos sans dérailleur et des freins aussi bons qu'on peut les avoir en ce moment, autant dire mauvais. C'est cet instant que choisit une voiture teutonne pour traverser le carrefour. Le flic en service était un Allemand. Il se mit instantanément les bras en croix pour faire passer ses copains ; dans la symbolique germanique, ce geste anodin signifiait qu'il avait tendu un rideau invisible et magique devant la trajectoire maternelle. Bien qu'ayant reçu le message cinq sur cinq, la cycliste, freinant des roues et des pieds, déborda d'une demi-roue sur le passage clouté. Tête du Chleuh dont la conviction philosophique et culturelle était ainsi bafouée.

Après avoir baissé les bras, il sortit un carnet de contraventions de sa poche, en détacha un feuillet pour paiement immédiat et le tendit à ma Mère en disant : "Fou béyer", ce qui se traduit par "Vous, payer". Ma Mère qui avait de sérieuses notions de langue allemande lui répond sans sourciller " Nein ! Ich bezahle nicht ". Traduction : Non ! Je ne paie pas. Elle avait un tel aplomb en le regardant droit dans les yeux que le type, décontenancé, n'a pas insisté. Il ne lui a même pas demandé ses papiers, convaincu qu'il était en présence d'une dame de son pays mêlée à la foule.

L'ambiance est malsaine, c'est dur pour nous de nous rendre utiles. Les cadres de réception radio, cela marche ; nombre de gens veulent entendre Londres et le moulin de brouillage allemand est efficace. Avec un cadre spécialement conçu et de dimensions discrètes, le problème est bien résolu. Je ne gagne rien en les vendant, je me contente de me rembourser ce que me coûte le travail du menuisier, le fil et les pièces nécessaires, mais cela permet à bien des gens de pouvoir capter la radio de la France Libre à Londres en se débarrassant du brouillage. Mais ce commerce illicite et non rémunérateur ne peut se pratiquer que par relations pour

Les lettres... jamais écrites

rester dans la discrétion qui s'impose.

Je voulais aller plus loin dans l'engagement, alors un collègue de travail m'a dit qu'il était en relation avec quelqu'un qui pouvait le mettre sur la voie d'un groupe de résistance. Il me parla donc d'un rendez-vous tel soir dans un café de notre quartier commun de Vaugirard. Il pensait s'y rendre et me dit que je pourrais venir aussi.

A l'heure dite, j'allais jeter un œil en biais dans la salle aux vitres masquées par de la peinture blanche -mais il y a toujours des trous dans la peinture, par chance-. Mon collègue n'y était pas, seulement trois types dont la tête me déplut.

Je fis un peu les cent pas dans la rue, en guettant l'arrivée du collègue qui ne vint pas. Je résolus donc de rentrer chez moi. Le lendemain, le collègue me dit qu'il avait été avisé que le tuyau était mauvais, c'était un piège. Combien de garçons se sont-ils fait prendre à ces combines fomentées par des Français, pour se retrouver aux mains des Allemands ?

Pour moi, tout n'est pas négatif, j'ai fait la connaissance d'une jeune fille formidable, elle fait des études d'assistante sociale. Nous nous sommes revus plusieurs fois, je suis pincé. Je te tiendrai au courant, c'est du sérieux.

Salut à toi et à tes Parents.

ma fiancée
Marie-Françoise

ma mère

le travail que je vais quitter

Les lettres... jamais écrites

DEUXIÈME LETTRE

Paris, février 1943.

Mon cher vieux,
Ca y est, je peux te le dire, je me suis fiancé le 31 janvier. C'est la bonne nouvelle. La moins bonne, c'est la tuile qui nous est tombée sur la tête à mon travail. Nous nous y attendions plus ou moins, mais nous pensions qu'on nous oublierait, l'entreprise est si petite avec ses cinq personnes et le patron. Eh bien, non. Leur inventaire est trop bien fait. Le 23 janvier, le patron nous informe qu'il a reçu un avis du service du travail obligatoire lui enjoignant de se présenter le 25, ainsi que son personnel, au Quai d'Orsay pour y passer la visite réglementaire en vue de l'incorporation au S.T.O.. Seule, la secrétaire n'était pas convoquée.

A mots couverts, le patron nous indique que, nous ayant informés, même par une lettre qu'il nous remet, nous sommes libres de prendre les décisions que nous voulons, mais que,

deuxième lettre

de toute façon, la maison sera fermée. Certains se sont présentés à la convocation, d'autres non, et le 25, la boîte était fermée sans espoir de retour.

Nous sommes trois réfractaires qui ne se sont pas présentés à la convocation. Le patron, un chic type, nous dit de ne pas trop rester dans le secteur et de prendre le large au plus tôt. Nous nous sommes tous séparés sans tarder. Je n'ai pas moisi dans mon quinzième arrondissement, d'autant que Maman vient d'acheter une bicoque à Malakoff après avoir réussi à vendre notre maison de famille de Biarritz. Elle compte y déménager très bientôt, et je vais y demeurer quelques jours, le temps nécessaire pour que je reçoive des informations. C'est de là que je t'écris.

Il était temps car deux jours après la convocation, un inspecteur de police est venu chez nous à Paris, s'enquérir sans doute de ma santé ! Maman a bien joué la mère inquiète, lui disant que j'étais parti l'autre jour, convoqué par le S.T.O. et que, depuis, elle n'avait plus de nouvelles. Ce brave homme lui a dit que justement, s'il venait aux nouvelles, c'est parce que je ne m'étais pas présenté. Et en prenant congé : "Il a bien fait", dit-il. Il était plutôt content de ne pas m'avoir trouvé.

Mais s'il m'avait trouvé... qu'aurait-il fait ?

La famille de ma fiancée s'est occupée de moi. Dès que les services de rationnement avaient été mis en place, le papa avait été engagé au service du ravitaillement du département des Landes. Il est chef de service et a la haute main sur toutes les cartes d'alimentation du secteur.

Les lettres... jamais écrites

Ancien officier de réserve de la guerre de 14-18, il avait été mobilisé dans le Génie en 1939, arme qui était aussi dépourvue de moyens que les autres spécialités. Fait prisonnier par les Allemands dans le sud-ouest lors du "repli élastique" de nos armées, il fut libéré presque aussitôt en raison de son âge et trouva un emploi dans cette voie doublement alimentaire, grâce à Dieu, car il avait perdu sa situation du fait de la guerre.

Je ne connais pas mon futur beau-père, sinon en photo ; il en est de même pour lui à mon égard. Comme mon départ pour les Landes est fixé au 8, nous ferons connaissance. C'est la raison pour laquelle je te poste ce mot en vitesse, car après... sait-on jamais, le courrier passera-t-il ? En tous cas, mon idée est de rejoindre de Gaulle.

Je m'apprête à quitter ma Mère non sans quelque inquiétude. Elle est forte, d'accord mais on ne sait pas trop à quoi s'attendre depuis que nous avions été convoqués à la Préfecture de Police, il y a quelques mois. Bien que ma mère n'utilisât que son nom de théâtre, quelqu'un a dû savoir son nom de jeune fille qu'elle avait repris après son divorce.

Ce nom manifestement allemand, mais aussi porté par des Juifs n'est pas un "blase" à exposer par ces temps de chasse à l'homme. Il lui avait fallu fournir des certificats de baptême, de communion, ceux des demi-frères, etc., les miens aussi par la même occasion. Il a même fallu procurer un certificat de l'hôpital attestant que j'avais bien subi une petite opération mais pour des raisons médicales à 14 ans.

deuxième lettre

Mais le salaud de la Préfecture de Police voulut absolument faire analyser le sang de Maman pour contrôler la véracité de ses dires.

Convoquée de nouveau quelques jours plus tard, elle y alla. D'entrée de jeu, le type lui dit
-"Alors, Madame, vous êtes Juive ?".
-"Non, Monsieur, mais vous devez le savoir mieux que moi puisque vous avez fait des analyses"

Après avoir répondu sans se démonter, car aucune analyse n'était en mesure de prouver quoi que ce soit, ma Mère a été libérée et est rentrée chez elle.

Tu comprends que je ne pars pas le cœur joyeux, la fleur au fusil. Ma Mère a 46 ans, elle est encore en pleine forme. C'est une lutteuse, prenant les problèmes de face. Moi, je n'avais qu'une alternative : partir vers la bagarre ou me planquer dans une quelconque soupente. Dans un cas comme dans l'autre, je ne lui étais d'aucune utilité ; dans le second cas, qui ne convient pas à mon caractère, j'aurais plutôt été une charge. J'ai donc préféré la première solution sans même hésiter.

Je ne connais personne dans la résistance "organisée" ; ma première tentative d'approche aurait pu tourner mal, comme je te l'ai raconté, et maintenant, j'ai une certaine méfiance pour les relations dans ce monde secret et trouble. Je préfère aller voir vers l'armée que je considère comme régulière, celle de la France libre.

Salut avec l'espoir de te retrouver bientôt, en France

Les lettres... jamais écrites

TROISIEME LETTRE

Labouheyre, 15 février 1943

Cher copain,

Voilà, c'est fait, je suis parti et arrivé. Accompagné à la gare par Mère et fiancée, j'ai pris le train de nuit à neuf heures et demie en direction de Labouheyre. A voir mon accoutrement habituel, augmenté d'un sac à dos, je fais un peu "Chantier de jeunesse du Maréchal". Je suis arrivé à sept heures et demie dans ce gros village tristounet des Landes. A dix heures, le patron de l'entreprise où je dois travailler, un Alsacien, m'a récupéré et accompagné en voiture à Mont-de-Marsan où m'attendait le père de ma fiancée.

De part et d'autre, les descriptions familiales ont dû être précises, car nous nous reconnaissons sans peine. Je reçois un accueil jovial, moustachu et souriant. Je reconnais le profil de sa fille. C'est Gustave. "Ne traînons pas ici", me dit-il en s'éloignant vers la ville. "Nous serons mieux à mon bureau". Le bureau est dans le bâtiment de la Mairie, Gustave a ranimé le feu dans la cheminée et nous avons alors fait plus ample connaissance. D'abord, en ancien militaire, il établit un plan de campagne. Il me prêtera son vélo pour le temps de mon séjour. Une précaution, ne pas rester en ville. Cette Préfecture des Landes est truffée d'Allemands, il y a des contrôles à tout moment, pour la raison que nous sommes proches de l'Atlantique avec son "mur". En conséquence, il a pressenti pour moi un emploi dans une scierie à Labouheyre, la Compagnie Alsacienne du Bois. Cette Société fabrique des baraques en bois pour les occupants. Je pense que ma morale est sauve, ce n'est pas une fabrique d'armes ! On m'y attend, de braves gens du pays, ouvriers à la scierie ont consenti à me loger. Gustave me gardera ce soir, dans son bureau, endroit où lui seul peut entrer et, dès demain matin je filerai vers Labouheyre à environ 50 kilomètres.

La nuit était tombée tandis que nous devisions et nous sommes partis dîner chez "l'hôtesse" du service : une brave dame dont le mari a, lui aussi, fait la guerre de 14-18. Cette dame a pris en charge l'alimentation des quatre personnes qui composent le service du rationnement. Pour tous, je serai le neveu de Gustave. Ma santé fragile nécessitait l'air balsamique des Landes. Tous quatre, dont Gustave, joyeux compagnons s'entendent comme larrons en foire pour gruger les Fritz ; anciens officiers de réserve, ils m'accueillent comme l'un des leurs. On est remarquablement bien traités ; le problème de rationnement en pain, viande, sucre, etc. est moins aigu ici, et pour cause ! Mais cela se fait sans exagération.

L'hôtesse nous apporte même une boîte de tabac de troupe

Les lettres... jamais écrites

datant de la dernière guerre, que son mari n'a pas fumé. Les pipes sont chargées. Et pour conclure en l'honneur de mon arrivée, on sort une bouteille de Cognac -une que les Boches n'auront pas- et on trinque.

De retour au bureau où Gustave m'enferme par prudence, mais me laisse une clef, je projette de m'étendre sur la banquette. J'ai des couvertures, un restant de feu dans la cheminée, tout va bien. C'était sans compter sur les puces. Ah ! Les puces de Mont-de-Marsan ! Bien sûr, avant de me mettre à l'aise, j'avais bien senti une ou deux piqûres au niveau de l'élastique de mes chaussettes ; on y passe le doigt et... couic ! Mais là, oser s'étendre, immobile... ce fut le martyre. Des puces par boisseaux, par bataillons, par divisions ! Il ne me reste qu'une solution faute de pouvoir me promener dehors, à cause du couvre feu, dans la nuit froide qui découragerait les puces.

La solution est de rester assis devant le feu que je vais ranimer, sans chaussettes, jambes du pantalon retroussées au-dessus du genou. Je m'engonce dans ma veste de cuir ; la chaleur dérange les puces, et cuit un peu les mollets, je peux enfin reposer.

A potron-minet, je suis prêt avant les bruits du dehors. Gustave me trouve paré à prendre la route après un rapide café chez l'hôtesse. Je saute sur le vélo, et pars en direction de Labouheyre. Cinquante deux kilomètres sur une route de plats et de faux-plats qui, au bout du compte, se révèlent être des vraies côtes. Et puis, des pins, de beaux pins, ah ! les pins. Oh ! les pins. Encore des pins... Pfff... A l'usine de menuiserie, je passe

troisième lettre

à l'embauche. Je suis affecté à la chauffe de la machine à vapeur qui fait tourner les machines à bois. Te dirais-je, mon ami, que c'est passionnant ? Non, car je mentirais. Par contre, on n'a pas le temps de s'asseoir. Le carburant est, bien entendu, le bois de pin, les chutes, les écorces, les copeaux, tout ce qui brûle vite, quoi. Le matin, il faut embaucher plus tôt que les autres pour que la pression de la vapeur soit à point à l'heure d'ouverture des ateliers ; ce n'est pas très grave d'autant que j'ai un petit avantage qui me permet de contenter ma faim jusqu'à l'heure du déjeuner.

J'ai pu me procurer quelques pommes de terre que je mets près du foyer. Elles cuisent doucement dans leur robe, c'est un excellent coupe-faim. Ainsi, je surveille et alimente la flamme, l'eau de la chaudière, la pression qu'il faut maintenir, en même temps que j'alimente le chauffeur.

Chaque ouverture de la porte du foyer, et c'est très fréquent, m'asperge d'une bouffée brûlante. Quand midi arrive, je partage le très frugal repas de mes hôtes. Bol de maigre potage maigre ! Parfois une sardine à l'huile, c'est le luxe. Une pomme. Il faut faire avec les tickets normaux. Gustave ne m'a volontairement pas donné de tickets autres que ce à quoi j'ai droit, pour éviter toute suspicion. Je suis un jeune dont la fragile santé nécessite un séjour au milieu des pins, voilà. Mais je dois travailler pour vivre, et ça, c'est vrai.

Adichatz ! Je t'écrirai de nouveau quand j'y verrai plus clair dans le proche avenir.

Les lettres... jamais écrites

QUATRIEME LETTRE

Mont-de-Marsan, 4 mars 1943

Mon cher Henri,

Ainsi, je ne tarde pas à t'écrire car les choses se précisent. Comme tu l'avais certainement compris, je ne stagnais pas à Labouheyre le dimanche. Malgré les 52 kilomètres -et autant pour le retour-, je partais de bon matin vers Mont-de-Marsan pour en revenir le soir avant la nuit et le couvre-feu.

La longue route était d'autant plus dure que le ventre était plus creux à l'aller ; les forces sont déficientes.

Heureusement que le bon repas, pris à déjeuner avec Gustave et ses collègues me remettait en selle -c'est bien le mot- pour le retour.

A la scierie, j'avais réussi à tenir une semaine à la chaudière. Mais je voyais les machines tourner à l'atelier et, un jour, j'ai profité d'une absence pour faire savoir que je pouvais travailler sur les machines, ayant appris cela dans mes classes préparatoires aux Arts et Métiers. On m'a mis à la toupie. Pour le cas où tu ne saurais pas ce que c'est, je vais t'éclairer. Imagine une

quatrième lettre

table sur laquelle est monté un guide, comme un rail. A mi-longueur du guide, ce rail disparaît pour faire place à la toupie : outil tranchant aiguisé selon la forme des moulures que l'on veut faire apparaître sur la pièce à usiner. Cette toupie entraînée par le moteur de la machine -ici, c'était par la machine à vapeur- tourne à très grande vitesse. Il faut faire très attention à ses doigts ! J'ai eu un peu de changement le jour où on m'a mis à la mortaiseuse. C'est un peu le même genre, à peine moins dangereuse, mais c'était plus intéressant que d'enfourner des copeaux dans une chaudière.

J'ai gardé tous mes doigts et le jeu est fini à l'heure où je t'écris. Le jeudi 25 février, le journal annonçait le recrutement de ma classe. Mauvaise nouvelle qui m'a fait faire un aller et retour à Mont-de-Marsan le vendredi pour faire le point.

Le dimanche suivant, je partais comme tous les dimanches, saluant mes hôtes. Je pris mon sac à casse-croûte, mon carnet de croquis et mon livre de maths -je suis faible en maths et je voulais saisir les subtilités du calcul différentiel ! - pour occuper mon temps libre. Je ne suis pas revenu à Labouheyre.

Une dernière fois, je parcourais la longue route, avec ce vélo un peu grinçant ! Les pins, je commence à les connaître, pour un peu je les appellerais par leurs petits noms. Ils traînent une indicible tristesse, à peine atténuée par l'odeur de la résine, sous le ciel maussade vers lequel ils dressent leur touffe d'aiguilles perchée en haut d'un mât. Certes, je ne pouvais pas avoir le cœur très gai, séparé des miens, avec un avenir en forme de point d'interrogation. Une volonté : oui ; une certitude : non. Je ne

Les lettres... jamais écrites

puis compter que sur nos "bonnes étoiles" à tous ; la seule ressource que je possède heureusement, et c'est la plus grande richesse que nul ne peut me dérober : une confiance aveugle dans la Providence.

Bien que l'inaction me déplaise, il a bien fallu que je patiente après mon arrivée à Mont-de-Marsan car si la possibilité d'un passage par l'Espagne se précise, toutes les conditions ne sont pas remplies et Gustave ne veut pas me voir partir au hasard. Ces activités de l'ombre et du secret, de l'information de bouche à oreille, entre personnes sûres se connaissant, cette dilution des voies de communication ne valent pas le téléphone. Mais celui-ci est inutilisable dans le cas présent, ainsi que le courrier.

Par rapport à la loi actuelle de l'État Français, à la volonté du Maréchal Pétain assisté par Pierre Laval et sous la férule de l'occupant nazi, on doit se cacher pour se préserver. Il faut parfois savoir être hors la Loi pour ne pas perdre son âme.

Cela n'exclut pas la franche rigolade à l'occasion. Ainsi, Gustave m'a procuré une carte d'identité authentiquement fausse afin de me rajeunir, ce qui levait le risque du recrutement si j'avais été inquiété. Il m'avait demandé une photo d'identité, à tout hasard. Celle de ma carte actuelle pouvait servir. Je me dois de te conter l'anecdote qui vaut bien ces quelques lignes. Le rôle de Gustave est de veiller à la parfaite distribution des tickets de rationnement dans la population du département des Landes. D'où la tenue indispensable de bordereaux de répartition, de registres et autre décorum administratif. Tout ceci est inutilisé sauf en cas d'enquête, de contrôle ou de litige.

quatrième lettre

Il faut donc aller ici où là voir les Maires des communes pour recueillir les listes de distribution, remettre les nouveaux tickets et retirer les tickets excédentaires périmés.

Bien entendu, cette tâche est habituellement remplie par les adjoints, mais cette fois là Gustave prétexta une nécessité de course personnelle pour laisser un adjoint en garde au bureau et faire l'inspection lui-même dans un patelin un peu éloigné. L'autre acquiesça, ravi d'échapper au déplacement.

Juché sur son vélo, Gustave partit donc vers le village en question et se présenta à la mairie. Le Maire était absent, il n'était pas non plus à son domicile tout proche, mais la femme du Maire le reçut très aimablement car il était bien connu partout pour son caractère bon enfant. Après quelques civilités de bon aloi et un petit verre d'accueil, Gustave apprit que le Maire était aux champs pour la journée. Il émit la suggestion d'aller faire le contrôle à la Mairie pour ne pas être venu inutilement, ce qui lui fut accordé sans difficulté.

La femme du Maire l'accompagna et demanda au gardien d'ouvrir le bureau du Maire et de laisser M. Teissandier examiner les registres et compter les tickets. Les portes s'ouvrent mais il faudrait bien pouvoir se débarrasser de la dame pendant quelques instants car Gustave a une idée en tête.

Comme il a constaté que son veston fatigué transporte un bouton qui s'apprête à abandonner l'épave, il le fait sauter en ouvrant le veston pour se mettre à l'aise. Ramassant le bouton, l'air ennuyé, il dit à la dame :

-"Comme c'est bête, je vais encore abuser de votre obligeance, tout à l'heure je vous demanderai une aiguille et du fil pour recoudre à mon veston ce bouton qui vient de sauter"

-."Mais pas du tout, vous voulez rire M. Teissandier, dit la dame. Donnez moi votre veston et, tandis que vous ferez votre vérification, je vais aller recoudre le bouton ".

Suivent des remerciements empressés, et la dame quitte le bureau.

Dans un bureau de mairie d'une toute petite commune on trouve de tout, même des cartes d'identité vierges. Connaissant l'endroit, ce fut l'affaire d'un instant de trouver le classeur des cartes d'identité et d'en subtiliser une. En un tournemain, le cachet du Maire qui trônait sur le bureau fut imprimé sur la carte... et Gustave se mit sérieusement au travail de contrôle des effectifs à nourrir. La dame revint avec le veston recousu et reçut mille mercis pour ce service... sans se douter que quelques uns de ces mercis correspondaient à autre chose.

C'est ainsi que je rajeunis de quatre ans, ce qui m'excluait des classes requises par le S.T.O. et les chantiers de jeunesse. Mon physique s'y prêtait, un peu grand pour 16 ans, mais très peu de barbe ; cela pouvait passer. J'étais natif de xxx, à cause du tampon. Avec ce document, je pouvais circuler en ville, mais il valait mieux ne pas en abuser et moins je serais vu, mieux ce serait. Il me restait à attendre la filière. Pendant que Gustave travaillait, je me plongeai sans joie dans le calcul intégral.

J'espère que ma prochaine lettre te parviendra de Londres, en attendant je te serre la pince.

Documents

Mon beau-père (futur) en 1943, Gustave Teissandier. Chevalier L.H. (1914-18) Documents sur ses services rendus à la Résistance

VILLE de MONT-DE-MARSAN

Mont de Marsan, le 12 décembre 1944

Nous, soussignés,

M. LAGARDERE Georges, Chef du Service des titres,

Mme Jeanne BRAIN, Adjoint au service des titres,

à la Mairie de MONT DE MARSAN,

Certifions que :

Monsieur TRISSANDIER Gustave, Chef de Service au Ravitaillement général (capitaine de réserve), chargé du contrôle des titres d'alimentation, nous a toujours prêté son concours dévoué en toutes circonstances pour venir en aide à nos compatriotes traqués par l'ennemi, depuis 1942.

De concert avec Monsieur THIEBAUT, notre ancien chef sort au champ d'honneur en août 1944, il a coopéré à des passages de jeunes en ESPAGNE, passage gratuit.

Puis, lorsque cela n'a plus été possible, il nous a couverts par écrit, en faisant délivrer des cartes nouvelles aux réfractaires, sans aucune retenue, comme perte par cas de force majeure, avec changement des dates de délivrance.

De connivence avec Monsieur THIEBAUT, il a accordé, nous prêtants d'arrêter, un supplément de 600 feuilles de coupons pour permettre d'alimenter chaque mois le maquis, sans que rien ne paraisse à la comptabilité.

Monsieur TRISSANDIER effectuant un contrôle des cartes à la Mairie de MONT DE MARSAN, nous a laissé un surplus de cinquantaine de cartes pour servir en cas d'urgence. Tous ces titres ont été réemployés au mois d'août 1944.

Vers le 10 août, sur un appel pressant de notre part, il nous a remis encore cinq cartes pour des circonstances graves.

Les cartes d'alimentation devaient être renouvelées pour le 1er juillet; la police allemande comptait utiliser ce renouvellement à ses fins, Monsieur TRISSANDIER, de mois en mois, fit différer le changement de cartes et de fiches jusqu'en septembre.

Le même procédé fût employé à DAX. De plus, il a permis de faire arrêter, par des renseignements une Marcelle GILLOIS qui, fiancée d'un Allemand, s'était fait délivrer des titres d'alimentation, à l'aide d'une carte d'identité composée.

En résumé, il a fait preuve continuellement de son appui effectif à la cause du Pays, malgré les vérifications les plus serrées des Agents du Ministère.

En foi de quoi le présent certificat lui a été délivré pour servir et valoir ce que de droit.

Document

Stèle commémorative à Tardets (Pyrénées atlantiques), parmi les dernières en date, apposée le 24 juin 2008

Les lettres... jamais écrites

CINQUIEME LETTRE

Pampelune, le 15 mars 1943 au soir.

Eh bien, mon Cher,
Ce que je vais te conter va te renverser.
J'attendais impatiemment à Mont-de-Marsan, en m'éloignant dans la forêt de pins le jour, dormant dans le bureau de la Mairie la nuit, sans pouvoir en sortir, car le portier, qui ignorait ma présence, verrouillait les issues. Gustave ne pouvait pas dire à son concierge qu'il avait du travail tardif chaque jour pour qu'on lui laisse une porte ouverte. Je partageais le dîner de l'équipe. Nous nous promenions un peu, Gustave et moi, dans le noir de la ville sans lumière. Un soir, nous avons fait une bonne farce à un soldat allemand en goguette. Ce pauvre troufion, qui aurait sans doute préféré être près de sa Gretchen, était complètement ivre quand il s'approcha de nous pour nous demander en saluant aussi dignement que possible : "Gaffet deu chportze". Après consultation et répétition, Gustave et moi conclûmes qu'il cherchait le café des sports et nous lui

avons indiqué tout droit... la direction de la rivière. La Midouze coulait à une centaine de mètres de là et elle est peu profonde.

Puisque l'occupant nous imposait le couvre-feu et les rues sans lumière, il fallait bien qu'il en profitât aussi. La devise de nos cousins Germains étant "Gott mit uns" (Dieu avec nous), nous espérons que notre poivrot aura pu remarquer la rivière avant de mettre de l'eau dans son vin !

Le 7 mars, Gustave me donnait les ultimes consignes. Je devais partir le lendemain matin pour Salies-de-Béarn où un contact, un certain M. Darricau me prendrait en charge. Évidemment, pas de gros bagage ; je n'en avais pas plus qu'en arrivant ici, je garderai le tout. Je passai la nuit du dimanche au lundi 8 dans un petit hôtel de confiance dont la patronne accepta de m'héberger sans remplir de fiche de police. En effet, mon car partait à 6 heures du matin et je ne pouvais pas coucher au bureau car toute incursion de Gustave à une heure si matinale aurait risqué de donner l'éveil au concierge.

La patronne de l'hôtel me reçut dans le couloir, elle abandonna un instant le bar qui était rempli de ce monde bruyant du midi. C'était l'heure de l'apéritif ou plutôt des mixtures innommables qui en tenaient lieu. Sans tarder, elle me conduisit au deuxième et dernier étage de l'hôtel et m'indiqua une petite pièce servant de débarras, sans fenêtre ni lavabo, mais dans laquelle on rangeait les matelas de rechange et un lit de fer. Elle me recommanda de me déchausser, d'être silencieux, de ne pas fumer et de partir aussi tôt que possible sans bruit. Elle ne fermerait pas à clef la porte de l'entrée sur la rue, je n'aurai qu'à tirer le loquet, silencieusement. Elle me donna la clef de ma "chambre" en m'enjoignant de m'enfermer à clef sitôt que je serai prêt.

Je devenais mon propre prisonnier. Une faible ampoule éclairait le réduit où je pouvais juste me tourner. Je résolus de m'étendre sur le lit qui grinçait un peu. L'heure avançait ; pour toute compagnie j'avais ce livre de maths, drôle d'idée d'avoir pris celui-là... Je n'avais envie, ni du livre, ni du carnet de croquis, j'étais mal à l'aise. Dormir ? Je n'en avais pas envie, j'étais tendu. Vers les dix heures du soir, un bruit de bottes dans l'escalier et des éclats de voix me sortirent de ma torpeur. Je sortis du lit lentement pour qu'il ne grince pas et j'éteignis la lumière. Je ne respirais plus ; je restais figé sur mes chaussettes, n'osant bouger de peur de heurter quelque objet dans l'obscurité.

Un rai de lumière sous la porte m'indiqua l'éclairage du palier.

Les bottes gravissaient l'étage suivies des chaussons de la patronne de l'hôtel. Bruits de clefs dans les serrures ; des portes s'ouvraient, puis se refermaient.

-"Voilà, monsieur l'officier, dit-elle devant ma porte, vous avez vu toutes les chambres. Êtes-vous satisfait ?"

-"Nein, dit-il, et cette porte vous avez pas ouvert !"

-"Il n'y a rien là-dedans, c'est un débarras pour les balais, les matelas, les choses pour le ménage."

cinquième lettre

-"Et bien ! Ouvrez la porte, je veux voir".

Et, ce disant, il agitait la poignée avec violence. Moi, derrière, j'étais glacé, figé. Et la patronne de lui répondre avec un remarquable sang-froid :

-"Vous avez demandé de visiter les chambres, j'ai pris toutes les clefs au tableau, vous avez vu. Je n'ai pas cette clef là, je ne m'en occupe jamais. C'est la femme de ménage qui s'en occupe, je ne sais pas où elle a mis la clef. Revenez demain matin quand elle sera là. Et puisque je vous dit que c'est un placard pour le ménage, vous pouvez me croire."

-"Ach pon ! Pien, che reviendrai."

Ils redescendirent. Je n'avais pas bougé, je sentais ma sueur dégouliner le long de mon corps glacé. Mes genoux me donnaient une curieuse sensation. J'attendis un peu après avoir entendu le bruit du loquet de l'entrée, puis je me couchai, silencieux comme un chat et me contraignis à reprendre ma respiration normale. J'avais le cœur dans un étau, quelle peur j'avais eue, pour moi et pour l'hôtelière. Quelle femme admirable. Je dormis, entre deux rêves jusqu'à quatre heures du matin et dès la fin du couvre-feu, je quittai l'hôtel sur mes chaussettes en descendant l'escalier le long du mur pour ne pas faire craquer les marches. J'enfilai mes godillots dans l'entrée et partis très vite dans le petit matin vers la gare de Mont-de-Marsan. Gustave m'attendait, nous nous sommes retrouvés, aussi émus l'un que l'autre, suçant nerveusement nos pipes.

Le car m'emporta vers Dax où il me déposa à 6 heures

et demie. Il me fallait attendre le train de 8 heures sans trop séjourner près de la gare. J'errai un bon moment dans les rues, béret basque sur la tête, comme tout le monde. Peu avant l'heure, je filai à la gare avec la foule des voyageurs, béret parmi les bérets. Le train partit à petit teuf-teuf ! jusqu'à Puyoo où la correspondance pour Salies-de-Béarn se fit sans encombre. J'arrivai au terme du voyage avant l'heure du déjeuner. "Salies de Béarrrn" clama le haut-parleur dans un gargouillis rocailleux aussi incompréhensible que dans toutes les gares du monde. Les voyageurs descendaient.

La nuit précédente m'avait mis en alerte ; échaudé, je ne me pressai pas et jetai un coup d'œil par la fenêtre du wagon. Sur le quai, vers la sortie des voyageurs, des gendarmes arrêtaient les gens pour contrôle des valises -à cause du marché noir- et des papiers ; cela pouvait ne pas être bien gênant pour moi, encore que j'eusse un kilo de sucre dans mon sac de casse-croûte. Il y avait plus dangereux : deux individus de la milice, uniforme noir, brassard, fusil, béret sur l'oreille. Il était urgent que je me débrouille pour éviter ces paroissiens-là ; même avec ma fausse vraie carte d'identité, ce ne sont pas des fréquentations convenables pour un jeune homme !

Les couloirs du wagon étant assez dégagés, la foule agglomérée autour des uniformes, je filai vers l'arrière du train, ayant repéré d'un coup d'œil la sortie des bagages qui donnait directement sur la place de la gare... et la liberté. Je pris donc mon parti de passer par cette voie et, d'un pas apparemment tranquille, je me hâtai de traverser le quai en évitant de regarder ailleurs et j'empruntai cette sortie non gardée. Je suis sorti comme un colis ordinaire... un ballot, quoi ! Me voici dehors avec mon petit sac, mon bouquin et mon carnet de dessins. Pas de doute, mon ange gardien doit m'accompagner ! J'étais toujours libre et n'avais plus qu'à chercher le bistro où je devais joindre M. Darricau.

L'ayant demandé au comptoir comme cela m'avait été précisé, la réponse fut négative.

-"On ne l'a pas encore vu. Peut-être ce soir".

Je ne voulais pas traîner au bistro, je suis parti dans le pays et, pour tuer le temps, j'ai fait un croquis de l'église. J'ai déjeuné dans le square d'un sandwich que j'avais apporté de Mont-de-Marsan, complété par quelques morceaux de sucre et de l'eau de la fontaine publique. J'épuisai ainsi l'après midi, en errances avec passages au bistro chaque heure. Rien jusqu'à neuf heures du soir où M. Darricau parut enfin. Il me dit de me tenir au même endroit le lendemain à dix heures.

Ce mercredi 10 mars était le mercredi des Cendres. Je l'ai attendu planqué pour la nuit dans une salle d'attente de la gare où aucun train ne passerait jusqu'au lendemain. Cette fois, les gendarmes et les escogriffes de la milice sont partis, je pourrai me reposer, mais il fait froid ; bienvenu est le col de fourrure de ma veste de cuir. Par chance, le pays est tranquille, aucune patrouille ne passe. Je suis "levé" très tôt. Personne dans les rues. La fontaine publique me permet de me réveiller les yeux avec deux doigts glacés. L'église m'a accueilli pour la première messe, pour me recueillir certes, mais aussi parce que je me mêlais ainsi à une foule anonyme sans traîner en ville.

A dix heures, nous étions dans la "traction" de M. Darricau qui nous emportait vers Navarrenx. Avant de partir, M. Darricau a voulu voir mes papiers. Il a semblé satisfait. Si nous étions contrôlés en cours de route, mon apparence juvénile, imberbe, ne contredirait pas la carte d'identité. A Navarrenx, M. Darricau me dit d'attendre sans m'éloigner et il me laissa là. Comme il devait revenir, il m'a dit de laisser mes affaires dans la voiture. Je gardai cependant mon bouquin pour passer le temps, mais j'eus le tort de laisser mon sac qui contenait encore un casse-croûte et le sucre. J'ai commis là une grave erreur car M. Darricau n'est pas revenu. Je lui en ai voulu, mais après tout, est-il libre de ses mouvements ? Cela aurait pu me coûter la vie, tu vas savoir comment.

Je restai donc à jeun mais bah... ! Une fois parvenu de l'autre côté de la montagne, la frontière étant proche -dans mon idée-, je serai sans doute pris en charge et... marche, petit soldat.

Il y a un monde entre les idées qu'on se forge et la réalité qui vous tombe dessus.

A neuf heures du soir, un taxi me ramassa. Il devait avoir mon signalement. Il prit un autre gars qui attendait plus loin

cinquième lettre

et nous emporta dans la nuit à Mauléon. Nous y trouvâmes un groupe de six ou huit types. On ne distinguait rien que des voix dans la nuit sans lune. Tous des gens du coin, à l'accent rocailleux. Nous parlions peu, prudents et transis. Un peu plus tard, ce fut une camionnette à gazogène qui nous recueillit ; entassés sur son plateau, nous filions vers la montagne. Dans ma candeur, je m'imaginais que nous allions traverser ainsi la moitié des Pyrénées, mais non, nous nous sommes arrêtés à l'orée de la forêt d'Iraty. Là nous attendait le guide Lambert Blasquiz.

A ce moment, le groupe comptait une soixantaine de personnes, ce que j'apprendrai plus tard. Il était presque minuit. -"Allez, on y va. Suivez moi tous, passez par où je passe, ne vous perdez pas de vue. Silence absolu et ne vous appelez pas. Ne fumez pas".

C'est ainsi que débuta le passage de la montagne. Pour commencer, il fallut traverser un ru qui serpentait dans l'herbe dense. Nous y avons pataugé l'un après l'autre et mon godillot droit en a profité pour boire un coup ! L'eau de la montagne est très pure, mais glacée. La chaussette de laine a pris une réserve. Il n'était pas question de ralentir la marche très rapide. Le guide filait sous le couvert et nous suivions tant bien que mal en repérant la silhouette qui précédait.

La file s'étirait sous les arbres, grimpant une pente assez raide, on s'essoufflait dans l'air froid. La plupart des types de la campagne tenaient le coup, mais les citadins sous-alimentés tiraient la langue dans cette rude montée.

Après environ deux heures de cette pénible marche dans la rocaille, le groupe s'arrêta à une bergerie où nous avons passé la nuit. Les rassemblements d'hommes exposent toujours à des papotages. Le bruit court que nous sommes perdus et que le guide attend le jour pour voir où nous sommes. Je peux te dire, maintenant que si je l'ai crue sur le moment, ainsi que d'autres, cette information était en réalité tout à fait incroyable. A-t-on jamais vu un guide basque -plus ou moins contrebandier à ses heures, sans doute- s'égarer dans "sa" montagne ? Non, il préférait plutôt que nous ne connaissions rien du chemin emprunté, et il avait ses raisons, je peux maintenant l'affirmer.

Le jeudi 11 mars, nous repartions dans le petit matin froid. Je regrettais mon sac car je n'avais rien à manger. Le cours de calcul algébrique, différentiel et intégral de Laboureur ne pouvait pas me nourrir. Celui-là, je l'ai et si je pouvais l'échanger contre un sandwich, l'affaire serait conclue. Enfin, on marchait, mais dans la neige, à présent. A mesure que nous montions la neige se faisait plus épaisse. Les pas étaient étouffés et la marche plus silencieuse. C'était sécurisant, mais j'avais faim et la tête me tournait un peu. Le ventre creux ? L'altitude ? Je ne sais pas car c'était bien la première fois que j'allais en montagne plus haut que la Rhune qui domine Hendaye du haut de ses 300 mètres.

A midi, le guide nous fit faire halte sur une partie à peu près horizontale de la forêt. Il nous fallut attendre six heures du soir pour passer pendant la nuit à proximité de postes de garde allemands. Les autres mangeaient, le guide s'étonna de ma sobriété. Je lui expliquai ma mésaventure et partis m'allonger après avoir croqué un peu de neige comme coupe-faim. Je fus pris de coliques peu après et partis me soulager. J'étais crevé et me suis allongé pour dormir, comme une bête. On essayait de m'en empêcher, mais le sommeil était le plus fort, je me disais -"Qui dort, dîne"- Un bon coup de pied dans les côtes me réveilla, il fallait repartir. Ça tournait, mais je marchais. Et maintenant, je sais que je dois dire un grand merci au guide pour son coup de pied. S'il m'avait laissé dormir, je mourais sans m'éveiller. Toutefois, un cadavre peut être gênant, ça balise un chemin et le froid conserve la viande ; mieux vaut un traînard qui marche quand même, cela laisse moins de traces, encore que.... Moi, j'en laissai, des traces ; au risque de ralentir la colonne à cause de ma diarrhée qui n'était plus que de l'eau.

Blasquiz commençait à me regarder d'un mauvais œil. Je lui dis d'avancer sans m'attendre, je le rejoindrai. Pas question, il ralentit. Je faisais vite et hâtais le pas. Enfin, nous avancions dans la caillasse, éclairés faiblement par une lune économe, en essayant d'être silencieux.

Je planais, l'irritation gênait ma marche, mais il fallait avancer... avancer... et sans bruit.

Le guide nous avertit à un moment donné que nous allions frôler trois postes de garde allemands successifs. Silence absolu et pas de traînard. C'était un exercice de

Les lettres... jamais écrites

cirque car nous marchions sur les roches, nous suivant en file indienne. Nous sommes passés à quelques dizaines de mètres des cabanes où tout semblait dormir. Pas de chien.

Ouf ! le plus dur était passé, la tête me tournait, j'avais faim mais je ne touchais plus à la neige, sinon pour en faire fondre un peu dans le creux de ma main pour boire. La nuit était derrière, le jour se levait, nous étions maintenant assez avancés pour ne pas être repérés. Nous fîmes une halte, enfin.

Blasquiz eut pitié de moi, je devais avoir l'air d'un macchabée. Il me donna une petite tartine de son pain et un morceau de fromage basque bien dur. Je reçus cela avec autant de joie qu'un mourant reçoit les sacrements et si la communion chrétienne a jamais été manifestée, je pense que ce fut dans ce genre de circonstances. Je ne mangeais pas, je dégustais ; que dis-je, je ruminais et je bénissais cet homme.

Je n'avais pas mangé depuis le 10 au matin, et si peu ; nous étions le 12. Et quels efforts à soutenir sans entraînement. Comme cette frontière est éloignée ; combien épaisses ces montagnes ! Quel farceur a dit qu'il n'y a plus de Pyrénées ?

Un autre groupe aussi nombreux nous rejoignit alors avec un guide. C'était surtout des Juifs qui le composaient. Nous étions maintenant au moins cent trente garçons. La colonne avançait en direction du Pic des Escaliers. Par un sentier de mule, bordé d'un côté par le roc et de l'autre par des à-pics vertigineux, nous avancions sur la roche gelée. Le temps était sombre et nous marchions dans les nuages.

On n'y voyait pas à deux mètres, le sentier penchait souvent vers le vide, les souliers ne sont pas appropriés à ce genre de marche ; nombreux étaient les fuyards en souliers de ville, souvent en très mauvais état. Tu sais bien, toi qui es resté là-bas que le cuir est rare et mauvais et que les semelles de bois sont plus fréquentes que celles en cuir. C'est là que je mesure la veine que j'ai eue de pouvoir acheter au noir ces godillots que j'ai aux pieds. Ils sont encore intacts. Voilà au moins une misère qui m'a été épargnée.

Nous avancions dans la brume épaisse, la buée des respirations haletantes se mêlait au brouillard. Soudain le gars qui marchait devant moi fit un faux pas et partit en glissant vers le bord du précipice. Je n'ai pas eu de réaction raisonnée mais un réflexe envoya mon bras droit vers lui pour saisir le col de sa vareuse. Il est resté avec nous ! Je ne sais pas qui il est, sinon l'un de ceux du second convoi ; nous ne nous reconnaîtrions pas, c'est sans importance.

Nous poursuivions, plus ou moins épuisés. Je marchais comme un somnambule avec l'espoir de passer bientôt cette frontière d'Espagne, signe de liberté. Enfin, nous sommes redescendus, nous rentrions de nouveau sous des bois. La pente était moins abrupte et s'était inversée, le sol était moins enneigé. Les guides nous réunirent alors et nous indiquèrent une direction.

-"Allez par là, nous sommes en Espagne et nous, nous

ne pouvons pas aller plus loin. Il y a d'autres gars à faire passer. Vous trouverez du monde plus bas".

Après ce bon conseil, ils nous demandèrent ce que nous avions comme valeurs sur nous en nous recommandant de ne pas les garder ou de bien les cacher aux Espagnols. Ils récupérèrent nos cartes d'identité. J'avais cinq mille francs sur moi, je les ai donnés au guide avec reconnaissance. Il m'a conseillé de porter la chevalière, que ma Mère m'avait donnée pour mes quinze ans, de façon qu'elle apparaisse comme une alliance. Je l'ai écouté.

L'Espagne, ah ! l'Espagne, notre liberté enfin gagnée.

Nous allions de l'avant dans la descente, dans le plus parfait désordre. Il faisait moins froid, j'avais toujours faim mais j'en souffrais moins. La liberté était là, devant nous, et avec elle l'engagement, le combat et le retour.

Mais quoi ! Vers sept heures du soir surgirent devant nous des carabiniers espagnols. Casquette plate et uniformes, mais surtout fusils pointés sur nous. Pffuit ! Le soufflé se dégonfla. On nous palpa pour voir si nous n'étions pas armés. Rassurés, les fusils remontèrent à la bretelle et les carabiniers nous guidèrent jusqu'au hameau le plus proche dont je n'ai pas retenu le nom. L'un de nous a réussi à sauver quelque monnaie ce qui a permis au groupe de recevoir une maigre soupe pour dix pesetas. Quel festin pour moi ! Après nous avoir comptés... comme des moutons, les carabiniers nous enfermèrent dans une étable... comme des moutons. Ca sentait la vache, la paille était presque sèche, je m'écroulai dans un coin et fus aussitôt pris par le sommeil.

Je pense que j'ai perdu conscience à ce moment car je n'ai aucun souvenir, même pas d'un rêve. On me secoua, je me réveillai, il faisait jour. A ce moment, je sentis que j'étais trempé.

Je passai discrètement la main pour constater que, sans doute mon intestin martyrisé n'avait pas gardé le liquide absorbé la veille avec tant de plaisir. Où sont les cabinets ?

C'est là, me fait-on savoir après traduction. Là.. ? C'est où nous avons dormi ! Si, si, c'est là ! Un peu écœuré, je fis ce que je pus avec la paille. Il m'a fallu supporter ce cataplasme tant que le caleçon ne fut pas sec. Une chance que ce n'était que de l'eau, je pouvais passer inaperçu ou plutôt inodore.

Ce fut donc le samedi 13 mars que nous repartîmes à pied, attachés deux par deux avec des menottes.

Des carabiniers devant et derrière la colonne qui s'étirait dans la campagne. Nous étions certains pourtant d'aller vers la liberté.

Que l'on nous accompagne, soit, mais les menottes...? Il flottait comme un air d'angoisse... Nous marchions depuis huit heures et demie du matin. Devant nous, des chaînes de collines. Nous montions et descendions sous un soleil de plomb, entre les collines à travers des champs en friches parce qu'il n'y a plus assez d'hommes en Espagne pour cultiver la terre ; après la guerre civile, ils sont morts ou prisonniers, ou avaient espéré trouver refuge en France, les pauvres. A ma question, traduite par le Basque à qui j'étais attaché :

-"Encore loin ?"

Le carabinier qui remontait la colonne de temps en temps répondit :

-"Après la montagne, là-bas"

Je repris espoir, j'avais le regard rivé sur cette colline, mais nous l'avons dépassée... et encore une autre... et ainsi de suite, jusqu'au soir. A peine un arrêt à la mi-journée, sans rien manger. Et je crois bien que les carabiniers non plus n'ont pas mangé, ou alors, c'est si peu qu'on ne s'en est pas rendu compte.

Nous sommes enfin arrivés à Aborrea-Alta, gros village où des fonctionnaires nous ont questionnés et recensés. Enfin on nous détache. Pièces d'identité ? Noms ? etc..

Un certain nombre donnaient des noms et des nationalités d'emprunt. Ils se trouvaient Belges, Canadiens, Anglais etc.. Le soir tombant fit arrêter les opérations. Nous étions libres dans le village mais ne devions pas nous en éloigner. Les gens étaient aimables avec nous et seule la barrière du langage me gênait pour leur parler. On nous a donné à manger. Quel balthazar ! Une soupe et une tranche de lard. Un peu de vin d'Espagne, très fruité, mais quel casse-pattes, surtout pour moi qui avais encore le ventre vide, aussi j'en bus très peu. Et surtout je dormis dans ce que j'appellerai un bon lit, tout étant relatif. Le lendemain, nous nous sommes réunis sur la place que le soleil commençait à

cinquième lettre

chauffer un peu. On nous a encore régalés d'un œuf frit sur une tranche de pain et arrosé d'un peu de vin. La messe dominicale nous occupera en attendant les fonctionnaires qui n'ont pas fini de nous enregistrer. Les carabiniers ont fait l'appel de ceux qui ont été inscrits la veille et sont partis à pied avec eux. Nous restions là, confiants. Enfin, les fonctionnaires sont arrivés et ont poursuivi leur tâche :

-Pas de pièce d'identité ?

Je dis mon nom, le vrai.

-Français ?

-Oui.

-Vous êtes communiste ?

-Non.

-Si, si vous quittez la France vous êtes communiste.

-Ah, bon

Inutile de discuter. Il parle mal le français et je ne connais pas un mot d'espagnol, de toute manière, quelle importance, je ne vais pas moisir en Espagne pour faire de la politique. La politique est beaucoup trop en dessous des circonstances.

A dix huit heures, enfin, nous partîmes dans un car. Nous chantions tout le long de la route, le soleil d'Espagne nous chauffait le cœur, nous nous dirigions enfin vers le but que nous avions choisi : bousculer les Allemands et revenir en France, victorieux. C'est ainsi que nous sommes arrivés à Pampelune pour retrouver nos amis ... au bloc !

Toute la troupe était enfermée au commissariat de police.

Pendant la longue attente qui a suivi, nous nous interrogions,

Les lettres... jamais écrites

personne ne chantait plus. Des gardes armés qui circulaient de l'autre côté des barreaux ne répondaient pas ; nous n'avions rien à manger ni à boire, pas même de l'eau. Nous étions parqués comme des animaux, dans une pâle clarté diffusée par quelques ampoules électriques au filament jaunâtre et tremblotant. Mais les animaux sont nourris, pas nous ! La nuit passa ainsi, nous somnolions tant bien que mal. Enfin, le lundi 15, vers 6 heures du matin, un sandwich à l'omelette nous fut apporté. Un peu plus tard, les prisonniers furent appelés par petits groupes ; on nous accompagnait vers les bureaux de la police administrative.

Nous étions appelés individuellement d'après la liste relevée par les frontaliers. L'interrogatoire recommençait, en hispano-français.

-Pourquoi êtes-vous en Espagne ?
-Pour quitter la France.
-Vous n'avez pas de pièce d'identité, vous n'êtes pas en règle, vous pouvez passer au tribunal.
-Mais je ne veux pas rester en Espagne.
-Où voulez vous aller ?
-En Afrique ou en Angleterre.
-Mais l'Afrique et l'Angleterre sont en guerre contre l'État français, vous êtes donc un rouge.
-Non, pas du tout.
-Si, vous êtes un rouge.
-Ah bon

Encore une fois, c'était inutile de discuter, à ce stade nous

cinquième lettre

ne pouvions que nous plier. On a été faits comme des rats.
-Avez-vous une photographie d'identité

J'avais celle de ma fausse vraie carte, je la donnai. On a pris l'empreinte de mon pouce et cela fera une carte d'identité provisoire de réfugié en situation irrégulière.

Nous étions nombreux, l'ensemble des interrogatoires a pris toute la journée jusqu'à minuit.

Alors, on nous a rembarqués dans des camions. Nous ne savions pas où nous allions, mais les carabiniers nous bousculaient en hurlant leurs ordres : Venga, venga hombres, de prisa, venga !

Nous avons roulé peu de temps. Nous étions arrivés, la nuit noire ne nous permettait pas de distinguer grand chose, nos camions avaient franchi un grand porche ; nous étions dans une cour. Nous qui avions pensé être parqués dans un hôtel ou dans une caserne, tu parles..., c'est la prison provinciale de Pampelune : en Castillan la carcel provincial de Pamplona. C'est même une prison modèle, nous n'en demandions pas tant. Mais c'est certainement une mesure momentanée.

Je te donnerai des informations plus détaillées dans mon prochain courrier.

Les lettres... jamais écrites

SIXIEME LETTRE

Pampelune, le 18 mars 1943

Mon cher homme libre !
Je reprends rapidement la plume pour te raconter le flot des événements. Donc, nous étions bel et bien en "taule". Après un rapide passage par un magasin où nous devons vider nos poches et abandonner nos lacets de souliers en échange d'une gamelle et d'une cuillère, on nous distribue dans des cellules déjà bien occupées, selon le hasard des descentes de camion. Certains y retrouvent des têtes de connaissance, des amis de leur ville qui étaient partis quelques jours auparavant. On échange des impressions à la lueur de l'ampoule tremblotante éternellement allumée. Cela ne plaît pas aux gardiens débordés qui hurlent et houspillent.
-"Silencio ! conio ! silencio !"
S'ils pouvaient nous flinguer ils le feraient, sans aucun doute. D'abord on est des "rouges", ensuite on les dérange, de plus, nous sommes un peu rétifs, il faut nous pousser.

sixième lettre

Alors les horions pleuvent.

Les anciens ont la "boule à zéro". Leur crâne est démuni de tout soupçon de poil.

Et la nuit se poursuivra dans un essai de repos de corps tassés en désordre dans un espace trop étroit pour une douzaine de types. Dans un angle, une cuvette de cabinet. Malheureusement, notre sommeil est entrecoupé par les cris des sentinelles disposées de loin en loin sur le chemin de ronde du mur qui règne autour de la prison.

-AAAAA...LEEEEERTA UNA !

Long cri traînant poussé sur un mode aigu suivi d'un court moment de silence, le temps pour l'écho de se taire. La sentinelle suivante reprend alors :

-AAAAA...LEEEERTA DOS !

Sur le même tempo, mais plus lointain se répercute le ALERTA TRES de l'autre, prolongé par la résonance des cours vides. La mélopée se poursuit jusqu'à six ou sept, s'éloignant et se rapprochant à chaque tour de piste. A la longue, ils ne nous réveillent plus tant nous sommes épuisés.

Mais l'énergie de notre pensée n'est pas vaincue, nous avons la ferme volonté d'aboutir. Tout de même, le moral en prend un coup. C'est pourtant un truc assez résistant, le moral, car le mardi 16 devait nous apporter un lot de mauvaises surprises.

Le matin, on nous a distribué le "café". Louche de jus noirâtre jetée dans la gamelle par un prisonnier de "droit commun" de corvée tandis qu'un autre distribue un petit pain à chacun de nous. Deux gardes armés les accompagnent, l'un d'eux porte les clefs. Le guichet est refermé, après le cliquetis des loquets, les bruits de gamelle se répètent dans le couloir. Les "anciens" nous disent d'économiser le pain car c'est tout ce qu'il y aura pour la journée, cent grammes.

Le rassemblement des nouveaux arrivés ne tarda pas, cris, bruits de portes et martèlement des pas, appel. On nous fit descendre dans l'une des cours et, l'un après l'autre, nous étions jetés en pâture au "coiffeur". Je m'assis sur une chaise et, sans attendre contrairement à la coutume chez le coiffeur, un prisonnier de droit commun promu Figaro se mit en devoir de me ratisser le cuir chevelu avec une tondeuse.

Méthodiquement et sans douceur, comme s'il voulait labourer le terrain, il passa son instrument partout. Mon crâne était aussi lisse qu'un galet des plages de la Manche. Au suivant !

Nous nous retrouvions, tondus, un peu plus loin dans la cour. Parmi nous, un Français aux cheveux blancs qui arborait une superbe moustache blanche - un officier d'active d'après ce que j'ai compris-. Il sortit de là chauve et glabre. Le travail de sape psychologique commençait.

-"Venga, hombres, de prisa la ducha !"

Et tout le monde à poil pour la douche. Nous posons nos vêtements à terre. C'est une bonne chose de pouvoir se laver, même sans savon, mais la douche est glacée. J'en profite quand même pour laver mon gilet de corps. En sortant de là, malgré la température encore hivernale, on aurait presque chaud mais pour peu de temps. Il n'y a rien pour se sécher, sinon nos vêtements. Et trempés, rhabillés, nous retournons immédiatement au "patio".

Et oui, mon cher, c'est ainsi que se nomme une cour de prison en Espagne. Ce n'est pas ce que le mot nous inspire de fleurs et de fontaines décrites par les poètes andalous. Les belles Andalouses protégées par leurs jalousies écoutent, languissantes, le gazouillis du jet d'eau qui rafraîchit le patio. Les plantes vertes et fleuries prospèrent dans la mi-ombre et la légère humidité dispensée par la fontaine. Ce soir, devant la porte, le prétendant viendra chanter ses paroles ardentes en pinçant sa guitare.

...

Eh bien non, ce n'est pas du tout cela!
Tout le monde se retrouve à heures fixes ; des habitués nous racontent quelle est la vie dans ce trou. Certains sont là depuis un mois. Quelques uns, dont je suis, se promènent ou plutôt tournent en rond comme ours en cage. Un petit groupe joue aux échecs. Des Basques jouent comme des enfants en tapant par surprise sur la tête d'un des leurs et en criant quelque chose dans leur langue.

Clairon ! Il faut rentrer ruminer notre rancœur en cellule. J'aurai eu le temps, au long de cette journée, d'apprendre ce que sera notre pitance pour la durée du séjour que

Les lettres... jamais écrites

j'espère bref. Je crains toutefois qu'il y en ait pour plus d'un mois en raison des dires des plus anciens prisonniers venus de France. Et bien, on ne peut pas dire que nous soyons surchargés de nourriture. Vers une heure de l'après-midi, une louche de soupe, enfin de "rancho", comme ils disent ; "soupe" est trop raffiné. Et même menu le soir vers dix-neuf heures. En bons Gaulois, nous fredonnons la chanson : "c'est pas d'la soup' c'est du rata...." Le lendemain, nouveau remue-ménage. Après le "café" du matin, on nous a appelés l'un après l'autre. Rassemblement ; espoir ?

Penses-tu, c'était seulement pour nous affecter une cellule définitive. J'aurai le privilège d'échouer dans la cellule 71, celda settanta y uno, avec douze autres gars.

Il est temps, je crois, de te décrire la cellule. Tu comprendras mieux ensuite notre désarroi quand nous nous sommes retrouvés derrière les verrous de la pièce dont je te fais le croquis. En largeur, deux mètres cinquante. En profondeur, quatre mètres. Le plafond très haut, à trois mètres cinquante.

Aucune observation à faire pour le cubage d'air individuel car, à deux mètres cinquante du sol, le mur du fond opposé à la porte est percé d'une ouverture sans vitre mais munie de forts barreaux. Son appui est très incliné, ce qui interdit de s'y accrocher. Dans un angle, du côté de la porte, une cuvette de cabinet et un seau d'eau.

Contre le mur de gauche une sorte de bat-flanc en fer muni d'une paillasse crasseuse et d'une couverture. Un

sixième lettre

"droit-commun" nous a jeté une paillasse supplémentaire et une couverture déchiquetée.

Voilà le confort pour treize hommes. Comment nous reposerons nous ? Là-dessus, avec la promenade au patio, la matinée est passée. Une sonnerie de clairon retentit pour le "rancho". Nous, qui venons de vivre un temps d'occupation allemande en France, savons ce que sont les privations et la faim. Plus encore ceux d'entre nous qui, citadins et désargentés, n'ont jamais eu les moyens financiers d'acheter de la nourriture au marché noir ; sauf peut-être un ou deux kilogrammes de mauvais fayots qu'on allait chercher à trente kilomètres de Paris, en vélo au risque de perdre en pédalant le peu de calories que ces tristes musiciens allaient nous apporter. La nourriture hors contingent comme le rutabaga, l'horrible pâté de poisson, le topinambour purgatif, le mou de veau et l'ersatz de sucre, toutes ces choses qui étaient ordinairement réservées à l'élevage des porcs ou à nos animaux familiers, ne faisaient que tromper la faim pour un temps et occuper un autre temps assis dans les toilettes. Enfin, mon cher Henri, tu sais tout cela bien que ta position de provincial te favorise quelque peu au regard des citadins et surtout des Parisiens.

Je t'ai dit deux mots du "café" de la prison modèle où je "réside" momentanément. Puisque nous en parlons, il a la même couleur, mais un goût plus infect, que la mixture française à base d'orge torréfiée ou de glands de chêne grillés. Enfin, c'est chaud et, faute d'autre chose, c'est toujours une louche de liquide chaud à ingérer. Après les très froides nuits de cellule ouverte aux quatre vents, l'eau chaude, même mauvaise est la bienvenue.

Tout ceci pour te dire que nous avons faim, très faim et que le rancho du midi devrait nous remonter. Illusion ! Un bruit de lessiveuse posée dans la coursive, des voix, un guichet qui s'entrouvre brutalement laissant apercevoir un instant la gueule du gardien. La clef dans la serrure et ce bruit de cauchemar du métal qui cogne, cliquette, verrouille ou déverrouille. Bruit de serrure sécurisant pour les gardiens, traumatisant pour les prisonniers. La porte s'ouvre :"Rancho" annonce le "droit-commun" qui tient la louche. Encore une chance qu'il n'annonce pas "el rancho" comme on dirait "La truite aux amandes" ! Peut-être sera-t-il déçu que nous ne poussions pas un Ah ! de satisfaction gourmande.

Nous nous présentons dans l'ouverture à peu près en bon ordre, la gamelle à la main. L'homme plonge sa louche dans la lessiveuse et en tire un jus qu'il verse dans chaque gamelle. Ainsi, je me retrouve avec une louche d'un liquide où trempent quelques rares morceaux de pomme de terre et où surnagent des gouttes d'huile d'olive et une couleur de safran. Ce n'est certes pas du safran, mais une épice colorée semblable. Le goût en est acceptable si l'on aime l'huile d'olive. La porte est refermée sur le bruit de lessiveuse.

J'ai atteint le fond de ma gamelle en quelques cuillerées parcimonieusement mesurées et religieusement embouchées.

sixième lettre

Une parcelle de pain prélevée sur ce qui reste des cent grammes fera briller la gamelle comme si elle n'avait pas servi.

Pour nous aider à faire passer un aussi peu abondant repas, nous sommes appelés au patio. Il y a là une sorte de cérémonial dont je prends connaissance. Comme le froid de mars règne encore ici, en Navarre, nous nous couvrons et je coiffe mon béret d'autant plus volontiers que je n'ai plus de cheveux. Nous empruntons les coursives et les couloirs en file indienne et, au débouché d'un couloir dans le patio nous passons devant un petit gardien, tout petit Espagnol minable qui me hurle "la boïna".

Comme je n'entends pas le Castillan, j'ouvre des yeux ronds et, en même temps qu'un voisin me traduit "le béret", je prends une grande claque dans la tête qui fait choir le béret et me fait résonner les cloches de Pâques dans les oreilles. Je sais ce qu'est la boïna qui vient d'accroître mon vocabulaire local.

J'espère toutefois que je pourrai apprendre l'Espagnol autrement, sans prendre une beigne à chaque mot. Mais le comique vint ensuite, quand je repensai à cet avorton qui a sauté en l'air pour me frapper à la tête. Bien sûr qu'il est impossible de répondre sur le même ton au gardien.

D'ailleurs les copains qui sont derrière moi ont bien compris la chose et, à tout hasard, ils m'ont poussé résolument vers le patio au cas où un réflexe dangereux m'aurait surpris. Merci les copains.

Il est vrai que dans tous les pays, les gardiens de prison

ne sont pas choisis parmi les pédagogues. Ils sont habitués à surveiller des types dangereux pour la Société et nous, nous sommes dangereux pour les dictateurs, par définition puisque nous sommes opposés à Adolf Hitler et a ses troupes fanatisées par son mystérieux et diabolique magnétisme. Et comme, Franco, le généralissime est son allié –non plus son grand copain, il joue les neutres– nous sommes dangereux en Espagne.

L'attitude de Franco est ambiguë : il ne fait plus refouler les Français à la frontière. Il pense aux Alliés qui sont en Afrique du Nord ; Gibraltar est une passerelle sur l'Espagne ; la frontière des Pyrénées si perméable aux Français pourtant gênés par les garde-frontières allemands serait inexistante si le caporal Adolf poussait ses troupes par là pour les diriger vers l'Afrique. Sait-on jamais ? Franco réfléchit à son avenir, on peut être dictateur et pas complètement idiot.

L'Espagne est exsangue, il n'y a plus rien à manger. En conservant des hommes : Français, Canadiens, Anglais, Belges etc.. vrais ou faux, ce sont des otages alliés. Des otages, cela s'échange contre des devises, des marchandises, des influences, des indulgences... etc.

D'un autre côté, le Maréchal Pétain avait demandé à Franco un grand service avant le misérable armistice du 22 juin 40. C'est par l'intermédiaire de l'ambassadeur d'Espagne en France, M. de Lequerica qu'il avait fait demander à Franco ses bons offices auprès d'Hitler pour connaître ses

sixième lettre

meilleures conditions de paix et demander la fin des combats. C'était le 17 juin 40. Le Maréchal Pétain avait conservé de bonnes relations avec le Gouvernement espagnol auprès duquel il avait représenté la France peu de temps auparavant.

Alors tu vois, Henri, qu'on nous garde par précaution, une sorte de fonds d'épargne, mais on nous regarde comme des ennemis parce que nous n'abondons pas dans le sens de la dictature.

Pourquoi nous ménager, le peuple franquiste ne comprendrait pas. C'est en tout cas ce que nous comprenons, nous, au cours de nos conversations de patio ou de cellule.

Bien que je sois dans le pétrin (sans farine, hélas), je t'écrirai plus tard.

Les lettres... jamais écrites

sixième lettre

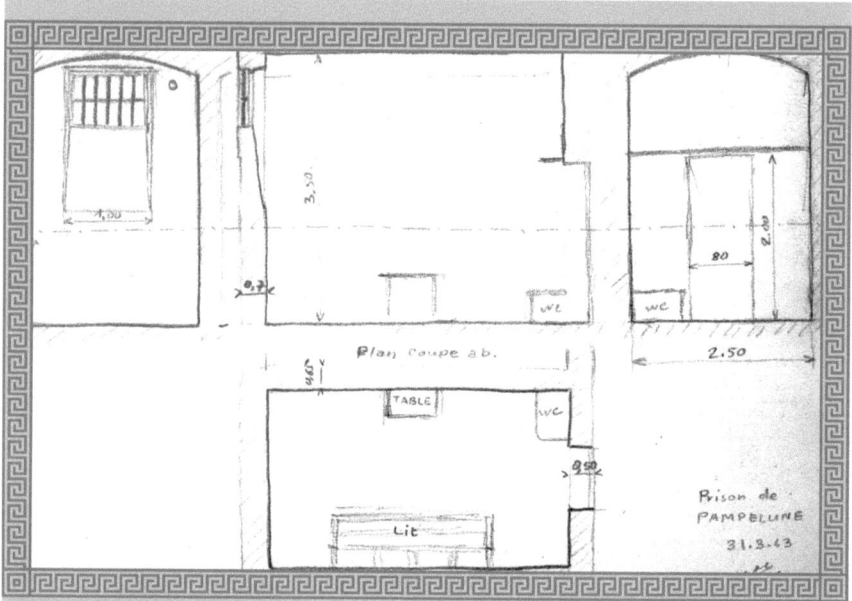

La prison de Pampelune. Plan sommaire de la cellule où logeaient 13 hommes. Dessous : le "patio"

Les lettres... jamais écrites

SEPTIÈME LETTRE

Pamplona, el 3 de abril.

Ça y est, le printemps est arrivé ! Peut-être pour les autres, dehors, mais pas pour nous, il fait trop froid. La misère, c'est la nuit. Tu peux imaginer des sardines à l'huile dans leur boite, tête-bêche ; eh bien, nous couchons ainsi, sept dans un sens, six dans l'autre car la présence du sommier ne nous permet que la disposition en longueur et non en largeur. Le manque de paillasses et de couvertures est un problème aigu. Nous devons nous arranger avec deux paillasses et deux couvertures, dormir tout habillés, nous retourner tous ensemble dans le cours de la nuit. Si l'un de nous a un besoin à satisfaire, il doit s'extraire du paquet délicatement et ne pas pisser sur la tête de l'homme qui gît près de la cuvette. La suite du problème consiste à se réintroduire dans le lot. Les corps inertes ont vite fait de remplir le vide.

Alors il reste la place du bout, celle qui n'a généralement pas de couverture ! Conclusion : éviter d'avoir à se lever la nuit. C'est vite dit, tout dépend de la soupe. Parfois cette misérable louche de liquide chargé est parfaitement laxative.

Alors, chacun son tour parfume l'assemblée, de jour comme de nuit, toute honte bue ! De jour, c'est un peu gênant de trôner en public de cette façon. Enfin, les autres regardent ailleurs, par pudeur. Cela n'empêche pas quelque quolibet si l'action est sonorisée, pire si elle est remarquable par son fumet. Et en fonction des détériorations organiques que nous subissons, elle l'est fréquemment.

A propos de sardines, voici une anecdote : dans les tout premiers jours de notre arrivée, l'un d'entre nous avait reçu un petit colis avec des sardines fumées. Quelle aubaine de pouvoir partager ce supplément bienvenu ; mais nous avons pensé qu'il serait plus appétissant de les manger un peu réchauffées. Alors nous avons improvisé un feu dans la cellule avec ce qu'on a pu trouver comme papier hygiénique, autant dire un feu minable qui n'a pas chauffé grand chose mais a malencontreusement parfumé la cellule. Comme c'était le soir, nous avons eu la chance de ne pas avoir de gardien à nos trousses.

La nuit est aussi terrifiante par sa vermine. Nous sommes dévorés par les puces et les poux de corps -les morpions-, les punaises qui infestent les paillasses se régalent aussi. Comment écraser ces vermines quand nous sommes serrés l'un contre l'autre sans se faire rabrouer par le copain qui venait juste de se rendormir après avoir rempli, lui aussi, son tableau de chasse.

Les lettres... jamais écrites

Terrifiante aussi, par le cri lugubre des sentinelles armées qui emplissent le silence de leurs "ALERTA" qui reviennent à la case départ périodiquement. Pour les sentinelles, c'est un moyen de ne pas s'endormir... pour nous aussi.

Ce qui est un peu rassurant, c'est de voir un jour ou l'autre, quelques camarades partir d'ici. Un matin, on les appelle et nous ne les revoyons pas. Les veinards, ils vont en Afrique ; c'est ce que nous pensons car aucune information ne filtre. En revanche, presque chaque jour voit une arrivée de nouveaux prisonniers étonnés comme nous le fûmes, éreintés, fourbus.

Le 19 mars, c'était un vendredi et aussi la Saint-Joseph, très fêté en la très-catholique Espagne comme époux de Notre-Dame, j'ai pu laver ma chemise et il lui faudra faire l'alternance avec mon gilet de corps. Les jours de fête servent au moins à ça. La soupe est très maigre, presque inexistante, nous avons faim, un malade est évacué vers l'infirmerie. On nous a conduits d'office à la messe du matin avec clairon et hymne franquiste. Personnellement, je n'aurais rien contre car cela devrait me permettre le recueillement et la direction de ma pensée vers mes chères absentes. Mais ici, ce n'est pas cela. Il y a parmi nous des Juifs, des athées, des agnostiques. Tant pis pour eux, on les force : "a la missa, hombres, venga, conio".

Les méthodes inquisitoriales quoi. Comment résister à l'appel du Seigneur quand il est appuyé par des brutes qui vous mettent un canon de fusil dans le dos ?

Durant tout l'office, l'assistance est tenue en respect par des hommes en armes. Et tout le cirque, debout, à genoux, debout, à genoux... doit être suivi sans traîner, sinon gare aux claques. L'onction ecclésiastique enfin ! Je vois là une contradiction, pas toi ? Quand ils nous ont ramassés, nous étions forcément des rouges d'après leur raisonnement, donc des anti-religieux. Alors la messe forcée pour tous, sous menace armée est-elle un moyen de conversion et de conviction ? Il faut penser que le clergé espagnol –qui est au moins la moitié de l'État– a une grande autorité.

J'ai pu constater par moi-même, en désirant me confesser en vue de cette messe, que l'aumônier de la prison était très loin d'être l'homme tolérant et bienveillant comme nous les connaissons en général chez nous. Celui-là m'aurait plutôt incité à retourner en France pour effacer le vilain péché d'avoir désobéi à Pétain. Nous ne pouvions pas nous comprendre, je ne tenterai plus jamais ce genre de conversation. Il m'a donné son absolution que j'ai laissé passer au-dessus de ma tête, elle était frelatée ! J'arrangerai mes affaires de conscience directement avec le Seigneur. Ses ministres espagnols peuvent aller au diable rejoindre les inquisiteurs grands ou petits !

Et nous avons remis cela le dimanche 21 mars. Il fait froid, le clairon qui joue l'hymne espagnol et l'hymne franquiste ne réchauffe pas les cœurs de cette piétaille chancelante qu'on envoie à la messe comme on envoie des veaux à l'abattoir. Pour agrémenter l'ambiance dominicale hors-messe, la radio espagnole est envoyée dans la prison par des haut-parleurs. Nous aurons droit à des airs de flamenco, paso-dobles et

Les lettres... jamais écrites

autres boléros. Il faut savoir apprécier les petits bonheurs, si petits soient-ils pour ne pas tomber dans la neurasthénie.

Durant nos séjours au patio, qui est plus agréable que la cellule parce qu'on y est moins serré, j'ai remarqué un gars qui arpente la cour, comme on fait des longueurs de piscine. Il a l'air sérieux, même un peu renfermé. -Mais si, c'est possible d'être renfermé, même en prison !-. Les bras allongés le long du corps, il marche d'un pas régulier, mesuré, pas trop rapide. Comment dire ? Un peu comme le ferait un *horse-guard* anglais un jour de permission.

A force de parcourir le même circuit sensiblement à la même vitesse, nous nous parlons. Il se nomme Peter Winston, sujet de Sa très Gracieuse Majesté... aussi peu que moi ! En réalité c'est Pierre Weinstein, bien Français qui a la chance de s'exprimer parfaitement en anglais, ce qui pourrait lui servir si les autorités britanniques présentes en Espagne voulaient le prendre en considération. Un peu plus âgé que moi, il avait dû partir aux chantiers de jeunesse du Maréchal, où il était moniteur. Il avait été auparavant élève d'une école d'ingénieurs. Sa position aux chantiers aurait pu être une façon de passer inaperçu en ayant la possibilité de rendre quelques services à des résistants en transit.

Malheureusement, après l'envahissement total de la France par les Allemands fin 42, les jeunes gens, surtout ceux des chantiers, étaient aimablement "invités" à passer au S.T.O. en Allemagne.

Alors, il restait la France Libre via l'Espagne, et nous avons

septième lettre

passé la frontière à peu près en même temps. Le convoi dont Pierre faisait partie a été repéré par les Allemands qui ont canardé les fuyards. Par chance, une vallée séparait les uns des autres et le tir n'a pas fait de blessés. Pierre a eu le doigt effleuré par un tir, mais sans mal ; tous ont eu chaud, ils étaient presque à la frontière, ils sont passés. Et ici, Pierre n'a pas trop le sourire car il s'inquiète pour sa sœur restée en France.

Le 22 mars, un nouveau est venu compléter notre cellule, Robert dit le Titi, bien parigot. Cela fait le deuxième car nous avions accueilli Georges Biron, du Mans le 20. Un était parti, on se serrera donc un peu plus.

Si je t'écris aujourd'hui, si tôt derrière ma dernière lettre, c'est qu'on nous donne de l'espoir ; des bruits courent, une rumeur. Nous sommes tellement malheureux de cette situation que toute rumeur est accueillie sans trop de réserve, cela fait aussi partie de l'espoir. Il n'y a que dix jours que je suis emprisonné et cela me semble être une éternité. Voilà quarante trois jours que j'ai quitté ma Mère et ma fiancée, les deux femmes qui me sont le plus chères au monde et le déchirement de la séparation est aggravé par cette incarcération qui éloigne d'autant, dans mon esprit, la date des retrouvailles. A la réflexion, ce n'est probablement pas parce que mes camarades et moi serions demain dans l'Armée française que la fin de la guerre approcherait plus vite. Mais dans notre état psychique, est-ce que la réflexion a vraiment sa place ? Nos pensées à fleur de peau n'entendent pas la raison sans un effort. Nous dérivons et il faut survivre.

Les lettres... jamais écrites

Des veinards ont pu garder de l'argent ou en recevoir de l'extérieur comme c'est le cas de certains Basques qui ont des cousins espagnols. Alors, ils se procurent des oranges, des cacahuètes ; ils en jettent les épluchures dans le patio. Moi, je les ramasse et je les mange. Cela ne me rend pas malade et me nourrit sans doute un peu. Pierre me regarde d'un drôle d'œil, il ne veut pas m'imiter, il a des réserves.

Chaque fois qu'il y a un départ, un de nos compagnons appelé, l'espoir renaît. Le mercredi 24 mars, ce fut le tour d'Olivier Girardet de Neuilly de nous quitter à son 47ème jour. Le rancho s'annonçait, on l'appela ; nous espérons qu'il aura eu quand même sa soupe ! Ils étaient quatre élus ce jour là, les veinards !

Le 26, nous avons eu un grand espoir, Henri Guichard d'Antony était appelé à son 35ème jour. Il alla rejoindre un groupe de 200 hommes qui seront parqués Dieu sait où, en attendant le samedi matin, jour prévu pour leur départ. Et puis, la routine revint pour nous, le dimanche nous avons été privés du concert de la radio au motif que certains ont fait les idiots à la messe... on s'en remettra.

Une distraction pourtant survint à l'improviste ce jour-là : ce fut l'irruption dans la cellule d'un petit capitaine de carabiniers venu pour nous recenser. Le chaud souffle après le froid, soixante dix types sont partis le 29.

Le 31 mars, un bruit court, -encore un- : nous ne serions plus considérés comme belligérants. Cela ne nous fait pas une belle jambe et n'améliore pas l'ordinaire mais prouve bien que

septième lettre

la politique varie.

Ceci est sans rapport avec le fait qu'on a changé le directeur de la prison le premier avril... sans blaguer. Le nouveau a sans doute voulu nous faire apprécier sa poigne car les gardiens nous ont coincés dans les escaliers et nous ont obligés à saluer l'hymne espagnol en revenant du patio de l'après-midi. Résultat peu enthousiasmant, rassemblant plus de bras d'honneur que de saluts fascistes.

En temps de vaches grasses, on ne prêterait pas attention à celui qui reçoit un colis de sa famille, mais en temps de vaches maigres, il en va tout autrement et c'est pourquoi le 2 avril quand un copain de notre cellule reçut deux colis de nourriture envoyés par ses cousins du pays basque espagnol, nous nous sommes réjouis... pour lui car le bougre a grignoté, tourné vers le mur, dans son coin et nous, nous sentions..., nous sentions..., c'est tout !

Imagine un peu ce que provoque le fumet d'un pâté campagnard et d'un saucisson fait à la maison quand il atteint les narines d'un affamé. L'un de nous a dit

-"Tu pourrais partager, non".

Pour réponse un grognement lui a fait écho.

Certaines gens ont de la chance d'être entourées de personnes civilisées. Ce même jour, nous avons eu la surprise de voir notre guide, Blasquiz qui nous a rejoints. Il était grillé en France, peut-être dénoncé ; en tout cas, forcé de partir.

Je garde espoir, mais pour combien de temps encore.

Les lettres... jamais écrites

HUITIEME LETTRE

Figuerido, le 20 mai 1943.

Eh bien, oui, j'ai changé de "résidence". Depuis ma dernière lettre, les choses ont avancé, très lentement, avec des péripéties. Comme je te l'ai dit, des nouvelles nous parvenaient à Pampelune. Ainsi, le 4 avril un dimanche, on nous a appris le bombardement de Longchamp. Et comme ce qui nous concerne n'a vraiment aucun rapport avec ce qui se passe ailleurs, nous avons eu une distribution de gâteaux secs et un concert. Je ne sais quelle opportunité nous a épargné la messe ! Mais il y a des choses étranges en taule, le lundi, notre camarade Gaston Bertranet est appelé au parloir où il voit un séminariste chargé de colis ou plutôt déjà déchargé de ses colis qui nous étaient destinés, par les soins des autorités du lieu. Tous les reçus ont été signés pour 16 colis... il nous en est resté 7 après le contrôle.

Bravo, les Espagnols ! Quand je pense que c'est nous les taulards et que nous sommes gardés par les voleurs !

Inutile de te dire que nous avons attaqué deux des colis le

huitième lettre

soir même, ils étaient les bienvenus avec leur complément providentiel de figues, gâteaux secs, chocolat et pain. Bien sûr que les quantités étaient modestes par rapport à notre faim, mais ces grammes du Bon Dieu étaient miracle par rapport à l'ordinaire. Économes, nous avons fait durer trois jours cette provende.

Le 7 avril, on parla beaucoup de départs ; comme chaque fois, le cœur battait et l'espoir revenait. Quelques "Belges" - de Paris ou de Clermont-Ferrand- nous ont quitté. Le médecin que j'ai dû aller voir le lendemain en raison de mon état m'a confirmé les informations de départ. Déjà une quinzaine de gars ont été appelés, on parle d'environ 600 qui devraient vider les lieux avant la fin de la semaine. Bien que nous restions sceptiques, nous voulons y croire, ce serait si beau. Ce qui nous remonte le moral, c'est de voir que nous ne sommes pas trop oubliés car nous recevons deux colis, l'un pour Olivier Girardet qui est parti, le veinard et un autre pour les "officiers". Ce sera partagé... bonne affaire.

Pâté, bananes, oranges, lait concentré, pain, figues. Je n'ai plus besoin de ramasser les épluchures dans la cour !

Cinquante six types ont été appelés le matin du 9 avril. régalé au petit déjeuner d'un mélange de riz, lait et pain. Le mal de gorge qui me travaille me gène bien un peu pour manger, mais cela fait durer le plaisir. Il faut dire que les nuits d'avril à Pampelune sont glaciales et que nous sommes si peu couverts que la grippe nous guettait à coup sûr. D'être mal portant ne favorise pas le moral et je dois t'avouer que je commençais à plonger. Le lendemain, samedi, l'après-midi a été très agitée par des discussions de patio, équivalentes aux discussions de café du commerce dans le civil. On parle de pétition à adresser au Consul de France ; je me demande pourquoi puisqu'il représente le gouvernement de Vichy, quelle raison aurait-il de nous apporter quelque bienfait ?

D'autres disent que, la veille au soir, des gens sont venus interroger des détenus au nom du général Giraud. Pourquoi pas ? Mais que croire et que faire ? Le moral des troupes est assez bas, la discussion a repris le dimanche. Un certain nombre d'entre nous est opposé au projet dirigé vers le consulat, l'idée est abandonnée. En y réfléchissant, cette bizarre idée n'aurait-elle pas été inspirée par des Espagnols ? Enfin, il fait beau, il y a de l'eau, c'est une occasion pour se laver, j'en ai profité.

Parmi nous, il y a un acteur, Marcel Roma qui nous récite des vers. Il nous a bien fait rire avec son refrain chanté sur l'air de "la violettera" :

Señores et señoritas
Donnez nous des pesetaaas
Si vous l'faites vous êtes des as
Car nous sommes dans la mélasse
Donnez nous des pesetas

Olé ! Ca fait passer le temps, jusqu'au soir. Mais le ciel bleu qui paraît au travers de la lucarne de la cellule nous fait encore plus souffrir de notre détention.

huitième lettre

"Le ciel est par dessus le toit, si bleu, si calme".
Nous pourrions le voir mieux en liberté. Eh bien non, on se fait engueuler par le gardien chef au moment du rassemblement. Menace de supprimer les commandes à l'économat (je ne suis pas directement concerné, n'ayant pas un sou).

Le motif de sa colère est que les pelures de fruits sont jetées dans le patio. Même quand je les mangeais, il en restait encore ! Rappel de l'obligation de saluer le gardien, etc.. Mais deux colis nous parviennent ; hurrah ! La soupe sera meilleure.

Le matin du 13, Dieu sait pourquoi... et encore ce n'est pas certain ; nous avons eu droit à un sermon en français en revenant du patio, de la part d'un prêtre espagnol. Quelle aventure, nous n'avons rien compris à son baragouin, nous étions un mardi et aucun saint n'est annoncé par le calendrier. Mais nous avons tout compris en réintégrant nos cellules ; elles avaient été fouillées de fond en comble pendant notre absence. Voilà l'explication du sermon ! Nous savions que ces gens étaient voleurs, nous ajoutons qu'ils sont hypocrites. Enfin, une cinquantaine de gars sont partis. Trente trois d'entre eux avaient plus de 40 ans et les autres étaient ici depuis au moins 45 jours. Et le mercredi, le curé a remis ça, mais il n'y a pas eu d'autre fouille, du moins pas chez nous. C'est vrai que la semaine sainte approche. Le matin, nous parvenons à esquiver, mais l'après-midi nous sommes contraints à la piété par la force et les menaces. Ce qui me surprend, c'est que même l'église espagnole

Les lettres... jamais écrites

n'est pas parvenue à faire oublier Dieu par les croyants... et pourtant ce n'est pas faute d'avoir fait des efforts...

Par manque de pesetas, nous avons raté une distribution payante de figues et de raisins à l'économat. Tant pis, puisqu'un colis nous est parvenu l'après-midi : des oranges, des bananes, du sucre, du pain. La soupe était un peu plus consistante. Serait-ce que nos geôliers voudraient se donner bonne conscience avant Pâques ? Eh non ! Le soir, la soupe est de l'eau sale. Combien le pain du colis est arrivé à propos.

Une dizaine de gars sont partis dans la nuit. Nous avons pensé qu'ils allaient vers la liberté, mais à présent, j'en doute. Comme nous donnons une importance démesurée à tout événement, le jeudi 15 avril était l'anniversaire de Roger Bertranet et nous voulions le fêter. En fait, c'est lui qui nous a régalés car il a retrouvé 25 pesetas au fond de son portefeuille et, du coup, il y a distribution de cigarettes.

Tandis que la foule du patio est occupée à l'élection d'un nouveau bureau de représentants des détenus, ce qui est une forme d'occupation, je vais laver mes chaussettes en profitant du filet d'eau. Quand ils auront fini de discuter, je serai prêt pour le vote. Certes, une délégation représentant les détenus devant la direction de la prison n'est pas inutile. Cela semble vrai dans une démocratie, mais ici..?

Les gardiens semblent mieux estimer les "droit-communs" qui sont politiquement en accord avec le régime, que les "politiques" dont nous faisons partie. Et encore, nous sommes bien heureux d'être étrangers, ce qui nous sauve du

huitième lettre

sort fatal auquel sont condamnés les Espagnols "rouges".

Nous avons droit au minimum de boisson et de nourriture pour que ne s'éteigne pas la veilleuse de la vie. Voilà ce qu'on nous consent, non par bonté mais par intérêt ; un mort étranger répertorié dans un consulat ou à la Croix-rouge, c'est très encombrant et ce n'est plus bon à rien.

Vivant, même très maigre et encore capable de se déplacer, c'est une valeur d'échange pour qui en veut.

Enfin, les délégués ne sont pas interdits, au contraire voilà plutôt des otages aux mains de la direction qui peut leur appliquer des sanctions sévères en cas de manque à la discipline. Plus besoin de rechercher des fautifs, on punit les délégués. la direction compte sur l'esprit de camaraderie pour que le troupeau soit bien discipliné. D'ailleurs, en raison des départs, le "bureau" n'est jamais longtemps au complet.

En raison des départs aussi, on nous ordonne de ne plus laver de linge et de ne plus rien commander à l'économat ! Il paraîtrait que le camp de Miranda de Ebro a été vidé et nous en déduisons que cela pourrait être une prochaine étape pour nous. Dans notre idée, le camp est meilleur que la prison. Cela a une sonorité boy-scout, le camp. Trente deux types sont partis dans la nuit, peut-être pour Miranda.

Et nous recevons encore un colis au nom d'Olivier Girardet et pour les "officiers", un autre. Ce sont des organisations charitables qui nous aident à survivre. Tout est partagé dans la cellule, même avec le Basque qui ne partageait pas. Nous approchons des Rameaux et il y a dans

Les lettres... jamais écrites

la taule un sursaut de manifestation de foi latente. Longue queue aux confessions. Je me demandais alors ce que les Espagnols pouvaient bien en penser. Des rouges qui pratiquent comme des chrétiens, qu'on doit pousser à coups de crosse pour les conduire à la messe. Il y a bien de quoi y perdre son Castillan, à moins qu'ils soient convaincus de la réussite de leurs méthodes pour la propagation de la foi.

Le samedi avant les Rameaux, nous avons eu obligation d'aller à la messe dès le lever à 6 heures 45. Ce n'aurait pourtant pas été la louche de jus noir qui aurait gêné la communion de ceux qui voulaient la recevoir. D'ailleurs, la reçoit-on ici dans ses meilleurs termes. Nous ne sommes pas assez moribonds pour tout pardonner à ceux qui nous ont fait mal et nous sommes encore trop vivants pour ne pas en faire l'effort.

Je crains bien que le Seigneur soit obligé de s'arranger avec nos contradictions, il doit en avoir l'habitude ; les prêtres espagnols composent bien avec Lui et Lui en font voir d'autres ! Le mauvais temps est de retour, la pluie est incessante et nous prive de patio. Contrairement à ce qui nous avait été dit l'avant-veille, nous pouvons relaver notre linge et repasser des commandes. En termes clairs, nous traduisons : plus de départs. En revanche, un petit colis de bananes, d'oranges et de petits pains agrémente notre soupe du jour qui, pour cause de sainte-fête contient beaucoup de riz.

Une louche de soupe compacte le midi et une autre le

huitième lettre

soir, c'est la fête, on n'en avait pas encore vu comme cela.

Le plus fort, c'est que cet ordinaire va durer quelques jours avec des hauts et des bas, avec des patates et du riz, ou du riz tout seul. Bien sûr, il y a le revers de la médaille : les difficultés intestinales. Sans pour autant nous faire grossir, ce régime -hélas transitoire- va nous requinquer physiquement, surtout avec l'apport des petits colis que nous avons fait durer.

Le dimanche des Rameaux l'un de nos compagnons de cellule, Georges Buon, du Mans, qui était aviateur est appelé et s'en va avec une centaine d'autres. Quatre-vingt de plus sont appelés au patio de l'après-midi dont Robert dit le Titi et Jacques Lamy de Saint-Mihiel, cuisinier dans le civil.

Certains des partants du jour n'avaient que quinze à vingt jours d'enfermement. Nous sommes perplexes et ce ne sont pas les trois morceaux de swing à l'Espagnole que la radio nous a diffusés après la messe du matin qui nous ont réconfortés.

Quelque chose nous a remis momentanément dans la vie de tout le monde, la pendule a été avancée d'une heure. Le lundi 19 avril commençait la semaine sainte, nous croyions tous à la liberté dont nous pensions que tant de nos camarades avaient bénéficié, enfin. Quelques jours plus tard, nous serons convaincus du contraire. Un petit patio nous rassembla l'après-midi, nous sommes moins nombreux. Tiens, on voit la cime d'un arbre par dessus le mur.

"Un arbre, par dessus le toit, berce sa palme".

Les lettres... jamais écrites

Encore des appelés ; pourquoi pas moi ? Je n'ai qu'une ressource pour ne pas craquer : prier, penser à ma Mère, à ma fiancée qui m'ont fait confiance. Sorti de ma méditation par la fin de la promenade, je reviens sur terre avec un pou.

On remet ça, tout le monde chasse. Au début, on trouve un peu dégoûtant de voir ici et là un type rentrer le ventre et tirer son falzar en avant d'une main, tandis que l'autre plonge rapidement vers son bas-ventre pour en ramener un ou deux trophées qui périssent aussitôt. Mais comme chacun est acteur à tour de rôle, on finit par s'y habituer. En cellule, il y a encore un tableau de chasse au mur. Et, de nouveau pas moyen de laver notre linge ; manque d'eau, c'est insupportable.

De plus, les quatre cent gars que nous avions vu partir sont encore là, dans une autre partie de la prison. C'est une ville, cette prison ! La rumeur dit qu'ils devraient partir samedi ; que croire ? Enfin, pour fêter le Vendredi Saint, nous pouvons laver du linge ! Nous avons droit à une douche froide, tant pis, il faut bien éliminer les morpions. De la musique pendant le "déjeuner", la classe du grand hôtel quoi !...

En prime, le directeur général des prisons nous fait le grand honneur (??!!) de nous visiter. Seulement, nous sommes encore en taule avec ou sans directeur général... et avec des poux !

L'information sur le départ du groupe se précise car deux cent cinquante d'entre eux sont partis le samedi 24 munis

huitième lettre

de conserves pour trois jours de voyage. Eux ont échappé aux poux, pas nous car malgré toutes les précautions d'hygiène que nous prenons en fonction des moyens qui nous sont accordés, ils persistent, il n'y a rien à faire contre cette vermine. Malgré mon espoir de sortir de ce trou, j'ai très mal à mes sentiments. Voilà Pâques et nous ne sommes même pas sur un commencement de chemin de retour. Nous sommes tombés dans un piège à éléphants, de surcroît bien construit ; quand l'un de nos délégués s'avise de questionner un gradé sur l'éventuel élargissement, il reçoit immuablement la même réponse : "Mañana". Ici, sans vouloir t'offenser d'aucune façon, je me crois obligé de te donner une explication. Un cartésien bon teint qui s'aviserait de traduire "Mañana" par demain ou bien par matin, courrait à la déconvenue. Dans le cas de "Mañana por la Mañana" qui signifie demain matin, il y a une quasi certitude. Cette forme redondante semble donner un sens certain à "Mañana". Mais dans le cas du "Mañana" proféré isolément, quelle incertitude. Cela signifie : "un jour dans le futur", qui n'est pas aujourd'hui, mais pas forcément demain, ni un jour très prochain. On plonge dans le vague du Moyen-Orient ; il est vrai que les Arabes sont restés longtemps dans le pays !

Pâques devrait être une fête ; pour nous ici, c'est un jour comme les autres ; haricots dans le rancho du matin ; riz, patates et chou dans celui du soir. L'intestin n'est pas à son aise et il faut procéder dans la cellule... nous ne nous y habituons pas. Par cela aussi, notre moral est atteint. Il fait si beau dehors ; les hurlements nocturnes des sentinelles sont ponctués dès le lever du jour par les chants des oiseaux.

Peux-tu imaginer ce supplice pour nous qui n'avons pas de dette envers la société ? Et comme la campagne française doit être belle en ce moment. Il faut parvenir à tuer le temps pour ne pas trop ruminer cette rancœur. Je m'applique à copier, dans mon carnet de croquis, une carte d'Espagne qu'on m'a prêtée. Cela m'a pris deux jours, mais je pourrai savoir par où je passerai en partant d'ici.

Cette damnée soupe aux choux ne nous convient vraiment pas, à voir l'affluence pressante vers certain établissement. Peut-être que le résultat de cette cuisine a été ressenti ou tout bonnement... senti en haut lieu car la soupe du soir devient un peu plus épaisse et est composée de riz et patates... avec un goût de moisi sans supplément ! Le petit pain a un peu grossi, jusqu'à 120 grammes environ.

Une distribution inattendue de cigarettes nous surprend, quel bonheur !.... quelle horreur ! Ce tabac espagnol est en poivre. Enfin, dans ma pipe bien culottée, c'est un coupe-faim. J'en ai profité pour faire ce que font tous les troufions, prisonniers et autres empêchés de tourner en rond, je grave le prénom de ma fiancée sur ma pipe. Je ne sais pas si cela lui ferait plaisir de le savoir, mais comme je pense tout le temps à elle, je matérialise. En plus, je n'oublie pas l'encoche sur le bord de la pipe : une par jour de prison, déjà 44.

J'ai eu la chance d'hériter d'une gamelle plus large que la précédente qu'un "partant" m'a remise au patio, alors

huitième lettre

j'insiste un peu lors de la distribution pour que le serveur me gratifie d'une louchette en plus de la mesure officielle. Ça a l'air de marcher avec le nouveau. Son prédécesseur a sans doute fini de purger sa peine —et oserais-je dire, de purger les Français aussi— et il peut à présent recommencer à exercer son petit métier jusqu'à sa prochaine incarcération.

Aucun colis ne nous parvient plus de l'extérieur et nous sommes de nouveau en manque grave de nourriture. Des types partent, certains sont proches de moi sur les listes, mais cela ne signifie sans doute rien. Pour nous distraire, on nous repasse le crâne à la tondeuse. Ça ne change malheureusement rien côté morpions. Enfin, un autre de nos compagnons de cellule nous quitte à son 52ème jour, le 30 avril à 14 heures. C'est Paul Arbeille de Lambeye, bistrot dans le civil. Nos vœux l'accompagnent car dans nos interminables (heureusement interminables) conversations de cellule, Paul nous avait dicté ceci :

Menu proposé par Paul Arbeille le 2 avril 1943, en prison de Pampelune, à sept heures et quart.

Sera exécuté à Lambeye le   (reste en blanc).
Apéritifs variés.
Soupe : garbure béarnaise à la cuisse d'oie.
Hors d'œuvre
Cuisse d'oie
Saucisson
Jambon beurre
Foie gras

Les lettres... jamais écrites

Civet de lièvre
Méchoui aux flageolets
Canard mulard avec la salade
Dessert
Fromage de brebis
Pastiso
Crème
Café
Cigares diplomates
Liqueurs variées   Armagnac
Les vins :
Cru Castillon rouge et blanc
Tanat de Crouzeilles rouge
Pacherin
Champagne....
et chaise longue

Dans ce qui précède, tu peux voir, mon cher Henri, l'essentiel de nos préoccupations animales. Pour l'heure, nous subsistons ; alors il nous arrive de fantasmer et avec un bon vivant du genre sud-ouest expansif comme l'est Paul Arbeille, les fantasmes gastronomiques occupent aisément une soirée, et la nuit suivante est peuplée de rêves au foie gras.

De t'écrire cela me remet en selle car ces derniers jours, je me sentais désarçonné ; le pays malade, les personnes que j'aime si loin dans l'inconnu, le coup de frein de

huitième lettre

l'emprisonnement dans cette course au retour avec des Français enfin victorieux, c'est très dur à supporter. Se résigner ? Que faire d'autre, ronger son frein ? Si seulement cela nourrissait ! Regretter ce qu'on a fait ? Stupide, je sais pourquoi je l'ai fait. Il faut suivre le courant et orienter sa nage en tirant expérience du passé. Le mauvais temps ne porte pas aux idées gaies et bien que deux cent quarante cinq gars soient partis avec vivres et couvertures, ce mois de mai ne s'annonce pas bien. La soupe est maigre, le dimanche est triste malgré la sonnerie du clairon qui nous assomme de l'hymne franquiste ; le patio est agité car le temps à giboulées nous montre bien que nos vêtements sont insuffisants et à bout de souffle. Les conversations portent sur les sujets habituels, deux cent types devraient partir. Croira, croira pas. C'est peut être du vent, mais non, d'autres fois, c'est arrivé ; pourquoi pas, c'est peut-être vrai, cette fois !

Et si c'était vrai ?

D'ailleurs, il y a des signes manifestes que quelque chose est perturbé dans le programme de la prison. Les réveils sont sonnés à 8 heures, il nous arrive d'être "régalés" de deux jus du matin. C'est peut être pour nous faire oublier le pain qui est absent justement ce matin là. Il n'arrivera que le soir, au coucher. Nous restons au patio quatre ou cinq heures durant, l'après-midi. C'est sans doute ce qui est le plus plaisant car c'est le seul moment de rapports sociaux ouverts et sortant du triste cadre cellulaire. Nous pouvons parler à haute voix, alors qu'en cellule le moindre éclat de voix fait survenir un gardien avec son coup de gueule par le guichet.

Le mercredi 4 mai s'est distingué des autre jours par une distribution de boîtes de conserves américaines. (Tiens.. tiens!). Chacun a reçu une boite de lait et une boite de pâté !

Pour agrémenter ce tableau, il paraîtrait que des départs par le Portugal se confirment et que la diplomatie des Alliés fait des progrès. Deux jours durant, nous nous repaissons ; je me suis fait de petites cuisines telles que de boire l'eau de la soupe et de garder le riz pour le mêler à du lait concentré comme dessert. Le plat de résistance était, évidemment, le pâté avec le petit pain.

Il m'est arrivé, ces jours là d'influencer le serveur pour avoir un peu plus de patates -mon Castillan s'améliore-. Alors, c'est la vraie débauche, le riz avec le pâté, les patates écrasées avec le lait, cela fait au moins six cuillerées ; au diable l'avarice, je finis le lait en deux gorgées parcimonieuses et le garde-manger est vide ! Mais on nous gâte : voici pour chacun 250 grammes de margarine et autant de sucre de canne, rêvons-nous ? Mais non, nous n'avions pas rêvé, le lendemain nous reçûmes deux oranges.

Nous avons même connu un cas très particulier de libération sous caution d'un Basque prénommé Martin, un jeudi de mai à son 67ème jour. Ses cousins du Pays Basque espagnol se sont bien occupés de lui. Il recevait souvent des colis personnels –qui lui demeuraient personnels–.

Enfin, nous avons été gâtés -comme tout est relatif- ces jours derniers ; j'épargne ces providentielles provision en les

huitième lettre

répartissant aux "repas". Quand retrouverons-nous les vaches grasses ? Peut-être..., "Mañana" ? Pour l'heure, le temps n'est plus aux giboulées, mais carrément à un froid pinçant. Les nuits sont glaciales et malgré notre tassement, nous ne parvenons pas à nous réchauffer. Le manque de nourriture se fait de nouveau sentir, les soupes sont de plus en plus légères avec un échantillon de haricots, de choux, de patates dans la louche de jus de choux. Si le riz nous avait momentanément noué l'intestin, la situation s'est inversée et j'ai eu atrocement mal au ventre avant de pouvoir me libérer.

Cela a persisté ensuite, par le dérangement intestinal au point que je n'ai pas pu aller au patio. Je me suis roulé en boule dans un coin de la cellule pour rester au chaud, le temps que les camarades fassent leur promenade.

Et voici que le 8 mai nous parvient une information réconfortante : Tunis et Bizerte ont été investies par les Alliés.

Avec le temps qui s'est adouci et ma diète forcée par la légèreté des gamelles, je me sens mieux. Il ne nous reste plus qu'à attendre la bonne nouvelle pour nous ! Tu sais qu'on devient filous, mais nécessité fait loi ! Nous avions profité du départ de certains pour conserver deux gamelles en rabio, ce qui nous permettait, dans la bousculade de la distribution à la porte de la cellule de faire passer deux gamelles de plus que le nombre d'occupants, à présent réduit à dix. Cela n'a pas duré longtemps ; un matin, le droit-commun-manieur-de-louche a fait remarquer au gardien-porte-clefs qu'il

Les lettres... jamais écrites

passait plus de gamelles que de prisonniers..., confisquées, les gamelles !

Que le diable les patafiole tous les deux !

Enfin, le vrai jour est arrivé, le 12 mai à mon 59ème jour de cellule Pamplonaise, j'étais dans le lot des appelés. Je fus transféré à la cellule 49. Je reçus 175 pesetas en provenance de l'armée du général Giraud, me dit-on, plus deux boîtes de lait, deux boîtes de pâté de porc, cinquante grammes de confiture, cinq cent grammes de beurre, trois petits pains : la fortune, en somme ! En passant à l'administration de la prison, je récupérais cravate, lacets et bouquin.

Dire que nous avons passé une bonne nuit serait exagéré, elle fût, en fait, très mauvaise à cause de l'énervement et des questions que nous nous posions tous. Où allons-nous ? Portugal ? Gibraltar ? Au réveil à six heures, nous n'avions pas de réponse à ces questions, mais comme nous sommes enchaînés deux à deux par des menottes, le ballon s'est dégonflé. A sept heures, nous avons quitté la prison de Pampelune, mais ce ne sera pas pour la liberté.

On nous a embarqués dans un train qui nous emporta vers une destination encore inconnue, mais on nous détacha, nous étions bien gardés par des gardes civils en armes.

La description du train espagnol est incroyable si on n'a pas emprunté ce véhicule. Ne crois pas surtout que j'exagère, je n'ai peut-être même pas tout relevé. Tirés par une locomotive à vapeur d'un modèle si ancien qu'elle ornerait

huitième lettre

mieux un musée qu'une voie ferrée en service, les wagons en bois aux angles carrés, au pavillon débordant la caisse, semblent sortir d'une opérette d'Offenbach. Dans les wagons, des banquettes de bois alignées laissent libre un couloir central. A une extrémité de chaque wagon, sur un côté, un cabinet d'aisance reconnaissable à l'odeur qui s'en dégage et aux traces de matières répandues sous le wagon, en particulier sur les marchepieds donnant accès aux plate-formes.

Quand je dis "cabinet d'aisance", j'embellis le site, sorte de guérite fermée par une porte battante et dont le fond est percé d'un trou dirigé vers la voie. On ne peut pas faire plus sommaire.

Comme le pâté de porc m'a rendu malade à en crever j'aurai, hélas, le besoin pressant et répété au cours du voyage d'aller dans cet endroit, accompagné d'un garde civil qui mettra obligeamment la crosse de son fusil dans la porte pour me surveiller. Cet espèce de guignol en espadrilles, coiffé du ridicule chapeau de carton pâte a sans doute peur que je m'évade par le trou. Il est vrai que je suis maigre, mais j'ai une autre estime pour ma personne que de passer par cet orifice. De plus, je suis convaincu de l'ennuyer, ce garde... Quand je dis "ennuyer", c'est un peu faible ! Il m'épie comme une vraie nounou le ferait pour son chérubin et, ce faisant, il peut constater que ce n'est pas pour mon plaisir que je repeins le wagon suivant.

Décidément, j'aurai pu savoir qu'on nous a laissé le choix d'être malades de la soupe ou des conserves peut-être avariées, ou bien de crever sans manger. Nous n'avions que le lait à boire. Quel était l'état de ce lait concentré dans sa boite de fer ? Aucune bonbonne d'eau pour boire. Après ces séjours au cabanon, j'ai eu très mal au ventre et ailleurs à cause du papier de journal pendu par paquets ficelés dans les lieux. Dans l'état où je me trouvais, ce n'était même plus une vengeance et encore moins une consolation de faire de ces lambeaux de journaux espagnols fascistes un tel usage.

Et si encore mes peines s'étaient limitées à cela ; mais non, la crise de foie aidant, je dérangeai quatre fois le garde pour rendre ma pauvre ration. J'étais malade, j'avais la fièvre, je ne tenais plus sur mes jambes et l'autre brute, que je dérangeais à tout bout de champ, me houspillait et me raccompagnait à coups de crosse.

La voie ferrée traverse de nombreuses montagnes par des tunnels d'autant plus longs à parcourir que la vitesse du train est réduite par les montées. Nous suffoquions, nous avons pensé crever là-dedans, enfumés par l'exhalaison soufrée du mauvais charbon et par la vapeur rejetée par la machine. Les wagons sont ouverts aux deux bouts, sur les plate-formes, la fumée, les gaz y pénètrent sans obstacle. Autant de tunnels, autant de supplices. Les gardes ne semblent pas en souffrir ; il sortent sans doute de l'enfer.

Pendant deux jours et deux nuits, nous sommes restés dans ces wagons, avec de nombreux arrêts en rase-campagne ; nous avons vu passer les gares de Vittoria, Miranda, Burgos, Palencia, Sahagun. Par trois fois les

huitième lettre

gardes ont changé. Pas nous ! Le deuxième jour, à six heures trente, halte à Leon, changement de gardes. Le samedi 15 mai à deux heures du matin, à Monfortes, nous descendions enfin du train.... Mais c'était pour monter dans un autre train un peu plus moderne. Les wagons de celui-ci sont fermés avec portes et vitres. Il nous a laissés à Pontevedra vers 11 heures du matin. On nous a remis les menottes par deux et nous avons marché... marché... Je me traînais, au grand dommage du copain qui avait hérité d'un pareil fardeau. Nous avons fait ainsi trois kilomètres sous un soleil de plomb sur un sentier montant et mal empierré pour arriver à la prison de Figuerido, ancienne caserne transformée. J'y suis arrivé sur les genoux, presque porté par des camarades, à tel point que je me suis retrouvé à l'infirmerie.

Adieu les rêves de liberté ! Enfin, je l'appris quelques jours plus tard, ma situation à l'infirmerie était un don du Ciel. Je couche dans un lit de fer, avec des draps. Mon voisin de lit, Carlos Abella, un Espagnol atteint de tuberculose, mais non contagieux, est un charmant compagnon ; ne parlant pas un mot de Français, il m'oblige à apprendre le Castillan et y met tout son cœur.

Le pauvre diable a eu le tort de se trouver dans un village tenu par les républicains lorsqu'il fut pris par les franquistes. Dans son état, alité, il n'a pu fuir ; alors, on l'a arrêté comme "rouge" et son "procès" doit passer un jour.

Il y sera sûrement condamné à mort ou au moins à l'emprisonnement à vie, comme tous les autres. Il est là, en prison, depuis presque six ans, et depuis deux ans à l'infirmerie.

Le second personnage notable à l'infirmerie est le "médico". Il se nomme Navarro. Ne vas surtout pas croire que c'est un médecin, loin de là. Il n'en reste pas moins que c'est un brave type ; en réalité, c'est un ancien brancardier qui rend des comptes à la société pour je ne sais quel délit.

Il fait office de soignant avec un minimum de matériel : seringue, eau oxygénée, éther, ciseaux, bistouri, pinces, compresses et bandes. Comme médicaments : aspirine et un sulfamide, du bismuth aussi contre les diarrhées qui sont courantes... si je peux dire. Il doit donner beaucoup de lui-même pour apporter quelque réconfort aux malades. Ce petit homme maigre et sec, vêtu d'une blouse blanche —fonction oblige— est supervisé de loin en loin par un médecin de l'extérieur qui examine d'un œil distrait et écoute d'une oreille lointaine. Pour nous, le contact linguistique est ardu.

Nous avons gagné quelque chose en venant ici : la température est plus clémente ; dans la journée, il fait même très chaud.

Du côté de l'alimentation, je me remets doucement grâce à des gamelles bien remplies et consistantes en patates ; du café au lait, du poisson, une fois un œuf, du lait. Cela ne vient pas de l'administration, mais par mes compagnons espagnols "politiques" et grâce à mon pécule de pesetas.

J'ai du chemin à faire car à la pesée, le cadran a accusé 57 kilos. Le médecin a prescrit une prise de sang voici trois

huitième lettre

jours, faut-il que je lui aie fait peur ! A vrai dire je reste très fiévreux après cette belle infection intestinale qui m'avait mis "à plat". Et hier, j'ai eu le plaisir de voir arriver mon ami Peter qui a obtenu l'autorisation de me voir durant le patio.

Il m'a raconté l'installation dans les nouveaux locaux. Ce ne sont plus des cellules mais d'immenses pièces, anciens dortoirs, où sont parqués les trois cent cinquante gars divisés en deux brigades. Peter m'a réservé une place à son côté.

Il y a des copains sympathiques autour de lui, je verrai cela ; mais le "rancho" est du même tonneau qu'à Pampelune. J'ai vraiment une situation privilégiée à l'infirmerie ; j'en arriverai presque à espérer égoïstement qu'on m'y garde un certain temps !

Aujourd'hui, il a été décidé de repasser les murs de l'infirmerie à la chaux. Ce sont les "albanils", prisonniers comme les autres qui font ce travail. J'ai dû quitter mon lit toute la journée, ce qui m'a incité à t'écrire. Je serai content ce soir, de me coucher.

Salut, aime bien notre France, c'est elle la plus belle nation, le plus beau pays.

Documents

Figuerido en Galice.
N'existe plus, une
caserne en a pris la place

ce que l'auteur a vu depuis la cour
de la prison de Figuerido

Document

photographie où se trouvent à la fois des prisonniers français évadés de France et des prisonniers politiques républicains espagnols.
Elle fut prise en cachette par la complicité d'un Espagnol de droit commun qui a pu faire entrer et sortir un appareil photo et faire développer la pellicule. L'auteur, alors en infirmerie n'y figure pas.

Les lettres... jamais écrites

NEUVIÈME LETTRE

Figuerido, le 5 juillet.

Quelle ironie, la communication avec des êtres chers est impossible. Je suis sûr qu'elles savent que je pense à elles. Et d'abord, que savent-elles de moi, sinon que je suis parti ? Pourvu qu'elles aient confiance. Rien, aucun contact avec une quelconque autorité ne m'a permis de faire passer un message signalant que je suis en vie. Elles ignorent tout. Que peuvent elles penser ? Comment les rassurer ? Comment me rassurer sur leur sort ? Quel est le comportement des nazis et de leurs associés français avec les proches des réfractaires, restés en France ?

Je me suis repris à rêver. Déjà, deux mois avant de quitter Paris, j'avais passé une nuit à parcourir des rails et des rails et des aiguillages, et encore des rails sans fin. Il n'était pas encore question de départ ni de fermeture du laboratoire. Je n'ai rien compris alors à ce rêve. Après ma dernière lettre, je me suis trouvé en rêve auprès de ma Mère et de

neuvième lettre

Marie-Françoise. Mes cheveux avaient repoussé un peu, mais j'avais la sensation de ne pas pouvoir rester ; je devais repartir.

Je me suis réveillé à l'infirmerie où un officier est venu me voir pour prendre rendez-vous pour dimanche afin de jouer de l'harmonium.

Le lendemain, samedi, je suis allé toucher un peu à l'harmonium de la prison... J'ai bien tâté du piano pendant quelques années, j'ai bien fait du vélo ! Mais je n'ai aucune habitude de l'harmonium sur lequel il faut pédaler sans cesse pour alimenter les soufflets tandis que les mains s'occupent du clavier. Encore une chance qu'on ne me demande pas de chanter en même temps ! Il reste encore les oreilles pour écouter les fausses notes. Enfin, je pourrai toujours aligner quelques accords, au hasard. En attendant, je signale que pour ce dimanche, ma collaboration est prématurée et que je dois dompter un peu l'animal avant de le chevaucher ! Mes compagnons souffrent assez sans que j'en rajoute ! Il faut, me dit-on, prévoir une grande fiesta aux environs du 10 juin.

Et puis, l'idée a été abandonnée, il n'y aura pas d'harmonium, merci pour tous.... Nous avons appris, par le canal des "politiques" que les Alliés veulent tenter un prochain débarquement en Italie. Du coup, nous nous associons à cinq pour acheter deux bouteilles de vin : une pour ce soir, l'autre pour demain, cela nous chauffera le cœur.

Le médecin est venu faire sa petite inspection le mardi 25 mai. Je reste en observation ! Je ne devrais pas m'en réjouir...

et bien si, je m'en réjouis ! Et je profite de la présence d'eau, ce qui n'est pas constant, pour prendre une douche mais j'en suis sorti fatigué.

L'un des grands problèmes est l'inoccupation des prisonniers, surtout embrigadés comme nous le sommes. J'avais proposé de donner un cours de radio à ceux qui le voudraient, et pour cela, j'avais fait une demande écrite de salle de classe au directeur ; elle me sera refusée quelques jours plus tard. D'après Peter, ce refus n'avait pas d'importance car la très grande majorité de nos compagnons n'était pas du niveau de ceux qui veulent apprendre quelque chose. Je l'ai constaté par moi-même dans les jours qui suivirent car je ne suis pas resté très longtemps ensuite à l'infirmerie.

En attendant, un Espagnol m'a prêté un livre de radio pour me permettre d'établir une ossature à mon cours. Merci donc à Diomedes Alonso Rodriguez dans le livre duquel j'ai pris de nombreuses notes avant de le lui rendre. Ce brave homme a recouvré la liberté le 13 juin, c'était un dimanche. Il est venu nous dire adieu et nous a donné un vieux morceau de couverture, précieux cadeau...

En cette fin de mai, le moral général est bas, nous avons la sensation d'être perdus, oubliés dans cette prison du bout du monde. Si tu regardes une carte d'Espagne, cherche la frontière nord entre le Portugal et l'Espagne, repère Vigo, trouve Pontevedra pas très loin et Figuerido est par là, entre les deux villes précédentes. On n'entend parler de rien, il n'y a pas d'appels de partants. Nombre d'entre nous se posent

neuvième lettre

la question d'un retour en France... dans quel espoir fou d'échapper aux Boches, alors qu'on n'a pas pu échapper aux Espagnols. Folie passagère engendrée par la dépression et amplifiée par le phénomène de groupe chez des hommes fatigués, sous-alimentés, en proie à la vermine et aux troubles organiques de tous ordres.

La dysenterie n'aide pas à raisonner, non, la raison est annihilée. Je dois te l'avouer, mon cher, moi aussi j'ai cru un instant à un éclair de génie dans cette voie et je m'en suis ouvert à mes amis dont je te parlerai, ce qui m'a valu de me faire copieusement engueuler. C'était nécessaire pour me remettre sur les rails !

Il était temps, quand le consul de France est arrivé à la prison, le 29 mai. Nos représentants ont pu lui parler. Mais voilà, il ne sait rien et nous demande la patience sinon la résignation. C'est déconcertant, sommes nous si négligeables, nous qui sommes des engagés volontaires en puissance. Notre petit, tout petit morceau de France en guerre contre les barbares, cette France Libre qui transmettait ses appels vibrants par la voix de la radio, alors c'était du bluff ?

Ou bien sommes nous gênants pour quelqu'un des Alliés qui préférerait que cette France reste très... très petite à la fin du jeu et qu'on ne l'entende plus ? Crois-tu qu'il n'y ait pas de quoi jeter l'éponge ? Enfin, ce monsieur ne peut que représenter le gouvernement officiel de la France occupée ; ce n'est pas une preuve qu'il nous soit hostile, ni le contraire.

Les lettres... jamais écrites

Le lendemain de cette visite qui nous a fait seulement savoir que quelqu'un connaît notre présence ici, j'étais considéré comme sortant de l'infirmerie et je suis descendu à ce que l'on nomme la brigade à 11 heures du matin.

Ce bref séjour m'aura permis de me remonter un peu au physique, de connaître des Espagnols sympathiques, de commencer à parler Castillan et, en outre, de savoir qu'il est très déconseillé d'approcher son visage de la lucarne de l'infirmerie par où l'on aperçoit la liberté. L'infirmerie est pourtant très surélevée par rapport au terrain de la liberté et la lucarne laisserait juste passer un gros chat. Mais une balle de fusil est plantée dans le plafond pour décourager les amateurs ; elle a été tirée par le soldat posté en sentinelle dans le contrebas.

Ainsi j'ai découvert la brigade : c'est à la fois le nom du groupe de prisonniers et du local qui les renferme. Les types sont assis le long des murs tout autour de cette immense halle. Quelques-uns, pour la plupart des Basques, se sont agglutinés autour des piliers centraux. Peter m'a fait une place, nous sommes dans l'angle à gauche en entrant et je trouve là des amis sympathiques pour m'accueillir.

Avec Peter dont je t'ai déjà entretenu, il y a Pierre Durban, étudiant en médecine, un physique de rugbyman, originaire de Finhan en Tarn et Garonne, avec un accent chaud à l'oreille et plein d'aspérités comme un cep de vigne. Il y a aussi Michel Chmelevski, élève ingénieur à l'École supérieure d'électricité, long et mince il nous dépasse tous d'une tête, un calme très slave. A notre gauche, Guy Oveid, de Pau et son cousin, ils aiment le swing et les chansons à la mode.

Ce jour là 30 mai est précisément le 21ᵉ anniversaire de Peter et nous aurons la chance de pouvoir l'arroser avec un petit morceau de bifteck et quelques frites au déjeuner.

La soupe est légère et transparente et j'apprends que c'est le régime constant dans la brigade. J'ai dû acheter une paillasse pour 3 pesetas pour ne pas dormir à même le ciment du sol, la prison n'en fournit pas gratis ! Il n'empêche que la nuit sera éprouvante car j'ai été attaqué par les puces et les punaises en légions ; les morpions prennent l'allure de joyeux compagnons presque supportables devant ces mille morsures. A longueur de temps ma main plonge ici ou là sous la couverture. Je coince une puce entre le doigt et l'ongle, elle trépasse. Simultanément les punaises mordent ; plus difficile à tuer, quand c'est coincé, cela court plus vite qu'une puce, et ça pue !

Il nous fallait absolument trouver un moyen efficace pour arriver à dormir. C'était intenable, l'inaction, la faim, la chaleur, la vermine et l'absence de sommeil. Comme dans toutes les prisons, la lumière reste allumée la nuit, pauvre lumière falote et tremblotante alimentée par le réseau national défaillant. Cela ne favorise pas l'assoupissement, même si l'on a pu décourager les premiers assaillants. Voici comment nous y sommes parvenus avec Peter. Par les relations d'infirmerie, nous avons pu avoir un peu de crésyl qui est normalement utilisé avec de l'eau pour désinfecter le

Les lettres... jamais écrites

sol. Chaque soir, avant de nous allonger sur nos paillasses, nous nous badigeonnons le corps de crésyl pur, sans oublier aucune surface. Un bout de couverture nous sert de tampon et nous nous frottons réciproquement le dos. Après quoi, nous pouvons dormir au moins une bonne partie de la nuit ; nous serons fatigués quand-même, mais dix fois moins.

Une douche le matin est très nécessaire, quand il y a de l'eau. Nos épidermes ne réagissent pas mal à ce traitement : un peu de rougeurs contre beaucoup de piqûres brûlantes, nous sommes gagnants.

Qui n'a jamais été piqué par les punaises ne peut pas comprendre. C'est une forte piqûre de puce augmentée de la sensation de brûlure d'une cigarette incandescente, mais sans que la peau soit brûlée. Voilà à peu près pour la sensation. Quant à la trace, elle est comme une grosse virgule rouge, et il est préférable de ne pas écraser la punaise sur la piqûre sous peine d'accroître la dose du venin injecté.

Cette histoire de punaise m'en rappelle une autre beaucoup plus cocasse que je veux te raconter, sinon je sens que je vais finir par te donner le bourdon.

C'était au printemps de 1940, pendant la "drôle de guerre". Une nuit, je me sentis méchamment piqué. J'allumai ma lampe et trouvai un insecte inconnu dans mon lit, puis un autre qui tentait de se carapater sous le traversin. Ma Mère, réveillée par le chahut et la lumière vint aux nouvelles. Son diagnostic : "Mais ce sont des punaises". Comme nous habitions sur la cour au premier étage d'un immeuble qui en avait sept, il y avait donc au-dessus de nous six secoueurs de tapis et de linge par la fenêtre et, en particulier une très vieille personne sale et malodorante au septième. La punaise avait dû déménager et trouver un refuge par la fenêtre de ma chambre. Mes 17 ans ignoraient ces parasites en général réservés aux maisons malpropres. Avoir des punaises chez soi est un signe de saleté et de mauvais soins. Honte à la maîtresse de maison !

Il n'était pas question d'en rester là, il fallait désinfecter l'appartement dans la plus grande discrétion, sans tarder sinon c'eut été l'envahissement par ces dégoûtantes bestioles. Le lendemain, ma Mère demanda discrètement conseil au droguiste qui lui vendit une sorte de fumigène à base de soufre et de quelque chose qui prenait à la gorge. Il fallait allumer la mèche après avoir calfeutré portes et fenêtres, et quitter l'appartement pour la journée. C'était le mode d'emploi le plus simple pour cet insecticide, tout ce qui vivait là ne devait plus exister et, ni vu ni connu, plus de punaises et personne au courant. En attendant le dimanche suivant, la pompe à Fly-Tox fit l'intérim, efficacement d'ailleurs. Ce dimanche, il faisait un temps agréable et nous prîmes nos vélos, notre pique-nique et nos masques à gaz dans leurs étuis de métal, dont le port en ville était obligatoire. Nous calfeutrâmes, nous allumâmes et nous partîmes au Parc de Sceaux à dix kilomètres de chez nous pour passer une belle journée au grand air.

De retour en fin d'après-midi, nous avons voulu rentrer

Les lettres... jamais écrites

dans l'appartement. C'était l'horreur et la surprise car le mode d'emploi du produit disait tout sauf... comment entrer dans cette ambiance irrespirable. N'étant pas à court d'idées, je décidai :

-"Mettons nos masques à gaz".

Et nous voilà tous deux avec le groin de porc et les gros yeux. Il n'y avait plus qu'à pénétrer pour ouvrir les fenêtres. Mais voilà que les horribles fumées montent dans les étages par la cage de l'escalier et par la cour. Un voisin sort de chez lui et nous voit avec nos masques à gaz ; le pauvre homme s'enfuit sans nous laisser le temps de dire un mot, en criant :

-"Alerte aux gaz... alerte aux gaz".

Ce qui fit sortir toute la proche population des appartements. Et chacun de chercher son masque, croyant à une attaque surprise des Allemands. Nous fûmes obligés d'expliquer le pourquoi de cette mascarade, entre le fou-rire et la honte. L'opération punaises était réussie, mais pour la discrétion requise... c'était un échec. Nous n'avions plus de bestioles, mais pendant plusieurs nuits c'était à vomir tant l'odeur était persistante.

Le Créateur nous a donné trois merveilleuses facultés : l'oubli, le rire et la mémoire. En se servant des deux extrêmes, on arrive à évoquer la seconde ; il n'empêche qu'en ce jour, lundi 31 mai 1943, je ne riais pas à propos de punaises.

A l'exemple de Peter, je décidai de faire chaque jour un peu de gymnastique et une douche froide le matin, quand

neuvième lettre

l'eau sera disponible. Il fallait reprendre le dessus et je pense qu'une distribution de chocolat apporté par la Croix-Rouge était pour quelque chose dans cette décision. Nous étions enfin connus au dehors.

Dans notre société confinée de cent soixante dix bonshommes, il se passe des choses étranges. L'autre jour un pain a été volé. Une autre fois on a surpris trois voleurs ; ils ont été "jugés" et fouillés, ce qui conduisit tard dans la nuit.

Nous ne voulions pas mêler les autorités carcérales à cette "affaire de famille". Certains récupérèrent leurs affaires. Les trois seront condamnés à une quarantaine. On ne peut pas les mettre en prison, quand même ! La société les rejette dans leur marginalité. Nous avons d'autres jeux pour nous distraire que de voler les camarades de misère.

Ainsi, par exemple, les Basques qui savent rire profitent des jours de soupe aux haricots pour jouer les péteurs de feu ! Voici comment on y joue. Le meilleur péteur avertit les autres ; il se déculotte et fait ainsi une demi-cabriole sur le dos, les jambes en l'air et le derrière pointé comme un canon. Un autre présente une allumette enflammée et le premier lâche son gaz. Cela produit une flamme bleue du plus bel effet. Plus le souffle est long et puissant, plus la flamme est belle et visible. Il faut apprécier les risques de ce jeu d'une distinction douteuse, non à cause de la flamme, mais à cause de l'allumette, interdite en prison. Ainsi, le jeu requiert un guetteur.

Précisément en raison de l'interdit qui pèse sur les allumettes,

Les lettres... jamais écrites

nous nous sommes fabriqué des briquets car on peut acheter des mèches de coton tressé et des pierres à briquet. Pour obtenir un briquet, on enfonce la pierre de ferro-cérium dans une planchette étroite de bois tendre contre laquelle on presse le bout de la mèche. Ensuite, on frotte sur la pierre un éclat de verre qui fait jaillir l'étincelle et enflamme la mèche sur laquelle on souffle ainsi qu'on le fait sur tous les briquets à mèche. Cette astuce nous permet, lorsque l'occasion se présente, de fumer quelques brindilles de tabac.

La politique continue de nous émerveiller. On apprend que les journaux espagnols ont publié que Franco a reconnu le Gouvernement provisoire de la France Libre. Pour le moment, rien ne change à notre égard, et je donne des leçons de radio à Peter.

Nous devons occuper notre tête au maximum pour éviter de ressasser les inquiétudes. Moi, avec ma Mère et ma fiancée ; Peter avec sa sœur qui accueille des parachutistes venus de Londres, de temps à autre, à Paris. Alors, les cours de radio, les leçons d'anglais par Peter, les leçons d'anatomie par Pierre Durban et les derniers tuyaux sur la technologie des moteurs électriques par Michel, tout cela s'étend un peu dans le temps surtout que nous travaillons sans livre ; tout est dans la tête et la tête n'est pas plus alimentée que le reste. Le patio est aussi une occupation, la chasse également. Il nous reste à faire le tour des histoires connues des uns et des autres. Parfois quelqu'un vient nous rejoindre et on chante. Le répertoire va du swing qui est à la mode jusqu'aux chœurs d'Opéra et nous a bien dépannés les deux jours où nous avons été privés de patio, sans motif avoué.

La soupe du jour de l'Ascension, le 3 juin, était légère, légère... La faim nous a repris fort et nous n'avions plus une peseta du pécule reçu à Pampelune pour le départ. On nous avait bien laissé entendre que la France Libre octroyait 5 pesetas par jour à chaque Français interné et que la Croix-Rouge était chargée de la répartition. Quels sont donc les obstacles dressés sur le chemin de cet argent, nous n'en savons rien. En règle générale, après 81 jours d'internement, nous avons perçu 175 pesetas. Il en manque et pourtant ce serait vraiment vital d'en avoir. Tout en nous faisant voler comme dans un bois par ceux qui se chargent de faire entrer des denrées pour nos achats, nous pourrions nous procurer des oranges, des pastèques, du pain de maïs que certains nomment méture qui colle les joues et bétonne l'estomac pour quelques heures, mais qui est très nourrissant et bien d'autres choses encore. Pouvons nous rêver ? Le 5 juin, un événement inattendu autant qu'agréable survint. Ce samedi, le vice-consul des États-Unis est venu nous visiter. Il n'apportait pas de nouvelles, mais il nous a affirmé que l'on s'occupait activement de nous et que nous recevrions des envois. Nous verrons... pour l'heure, il nous a apporté deux jambons, du savon, des biscuits et de la confiture. La seule ombre à ce tableau presque idyllique, c'est qu'il nous croyait au nombre de cent cinquante, mais nous sommes le double.

On partagera, ce sera un peu court, mais nous mangerons

Les lettres... jamais écrites

plus que s'il n'était pas venu ! L'intention y était, c'est l'information qui ne lui était pas parvenue. Nous ignorons tout des listes de prisonniers ; à qui les Espagnols les remettent-ils ? Est-ce à la Croix-Rouge, est-ce à d'autres officiels ? Ce que nous pensons, en revanche, c'est qu'il y a des gens qui sont tranquillement installés dans leurs postes officiels, en liberté, et qui se moquent éperdument des prisonniers français et autres. A la limite, peut-être les dérangeons-nous. Nous avons pourtant bien été recensés, listés, fichés, comptés et recomptés. Aucun prisonnier ne peut se perdre et ceux qui ont quitté l'Espagne, car il y en a eu, ont été désignés, numérotés et décomptés.

La soupe est toujours légère, la feuille de jambon l'a un peu complétée, symboliquement. Il faisait beau, alors le barbier qui rase gratis dans le patio s'est installé. C'est un prisonnier de droit commun logé ici pour un temps assez long.

La légende qui court à son sujet nous apprend que ce charmant garçon aurait tué son père et cuisiné le foie du défunt pour en régaler sa mère. Nous avons peine à croire cette histoire, mais cela fait un peu froid dans le dos quand on le voit armé de son rasoir couteau. Ce n'est certainement pas un enfant de chœur mais il a un côté farceur. Notre ami Pierre Durban au poil brun et vigoureux possède une barbe à rendre jaloux les Pieds-nickelés. Ses cheveux ont bien repoussé. Le barbier commence par la tondeuse et ramène la moitié droite du crâne de Pierre au niveau de l'épiderme. Il ne touche pas aux cheveux de gauche. Ensuite, c'est au tour de la barbe, malgré les protestations du "client". L'homme rase consciencieusement la moitié gauche du visage, barbe et moustache et annonce que c'est fini pour aujourd'hui. Fureur amusée de Pierre qui vient nous montrer ce joli travail, d'où l'hilarité générale. Le barbier, après la réussite de sa farce, a quand même terminé son œuvre, mais tout le monde s'est amusé.

Nous sommes des enfants, heureusement peut-être !

En réunissant nos avoirs, nous avons pu additionner 10 pesetas, une boite (petite) de pâté de porc et un demi paquet de biscuits. Nous avons tenu avec cela jusqu'à la fin de la semaine.

Ce mois de juin, à Figuerido, commençait à être chaud, les mouches devenaient insupportables et il y en a toujours des centaines, les puces redoublaient d'activité. Et voici que pour nous distraire de ces misères, nous apprenions que l'ambassadeur des États-Unis est venu, accompagné d'un autre personnage. Et en effet, notre ami Saldou qui est le représentant élu des prisonniers -un homme sérieux et sympathique, proche de la trentaine- est appelé à la direction où l'entretien sera très long. Après le "rancho" de 13 heures, nous saurons enfin ce qui a été discuté. Saldou nous a donné lecture d'une déclaration des généraux de Gaulle et Giraud qui nous congratulent. Cela fait plaisir, et pour le concret il parait que nous serons payés régulièrement. Nous allons recevoir des chemises et des caleçons ainsi que des vivres. La colonie française de Vigo s'occupe de notre cas auprès de la Croix-

Les lettres... jamais écrites

Rouge afin que nous parviennent vivres et vêtements. Les "déclarés Anglais" – qui ne trompent personne – partageront notre sort. Les moins de 20 ans sortiront de prison et on nous assure que les deux cents qui étaient partis avant nous de Pampelune sont en Afrique à présent.

J'ai l'impression que le premier visiteur qui s'est vraiment préoccupé de notre sort le 5 juin a pris en considération notre délabrement physique et notre situation vestimentaire, il a alerté les personnes concernées, enfin ! Et comme nos visiteurs ne sont pas venus les mains vides, j'ai pu obtenir tout de suite une chemise et un caleçon qui ont heureusement pris la suite des guenilles dont je me vêtais. Et pour le paquet d'os qu'on trouve encore sous ce nouvel emballage, des biscuits, de la confiture, des raisins secs, des bananes, des cigarettes et, par exception, des allumettes. Oh, attention ! Il n'y en a pas un kilo par type, mais c'est merveilleux.

Nous finissons nos anciennes provisions avec d'autant moins d'avarice que des pesetas ont, paraît-il, été déposées à notre intention au bureau de la prison pour nous être réparties... avant "mañana" espérons-nous ! Et bien non, celles-là nous ne les avons jamais vues.

Comme il ne faut rien laisser traîner inconsidérément, chacun s'est constitué une cachette ou du moins, un système de camouflage pour éviter de tenter le diable avec les provisions mises en réserve. J'ai confectionné une musette avec un morceau de tissu de couverture. Ainsi la réserve est cachée, enfouie sous ma veste de cuir qui me sert d'oreiller

neuvième lettre

la nuit, pliée en quatre côté doublure et posée sur mes godillots. La paillasse pliée par dessus le tout. Comme les rapines ne peuvent s'opérer qu'au moment des sorties et des rentrées du patio, les chapardeurs doivent faire vite et, dans notre groupe de six, il y en a toujours un qui surveille notre coin. Mais voici que les bienfaits à notre égard se précipitent, il y a de quoi remonter le moral. Le 12 juin, ce fut un représentant de la France Libre qui vint nous voir, sans autre nouvelle d'élargissement, mais avec des provisions de bouche et des sous. Nous étions comme des gosses autour d'un arbre de Noël, c'était presque la fête, je pense que tu me comprends. Des sardines à l'huile, des oranges et des bananes, des cigarettes portugaises et des cigarillos, des sandales qui tombaient à pic. Et 35 pesetas ; alors, le lendemain ce fut le défoulement alimentaire. Notre enjouement fut très vite rabattu par les autorités de la prison qui décidèrent d'interdire l'entrée des aliments par l'économat dans la prison.

Les pesetas ne nous serviraient donc à rien ? Pour parer aux éventualités, nous confectionnons une deuxième musette et enfermons nos précieuses réserves. La vieille couverture que m'avait donné l'électricien espagnol a été bien utilisée.

Heureusement que notre délégué Saldou est un bon diplomate et que le directeur de la prison est un bon vieux pas méchant qui cherche surtout la concorde et le calme. Le coup du 13 juin sera arrangé le 14. C'est le chef de service qui avait imaginé cette brimade ; cette espèce d'obsédé alcoolique -hélas armé- n'a pas fini d'en voir car le 15, le représentant français qui est revenu nous voir a eu une altercation avec lui. C'était pour nous une occasion de rire sous cape aux frais de l'Espagnol. Et encore 35 pesetas qui nous ont comblés.

La soupe de midi ce jour là était une eau chaude contenant un peu de chou à vache pas cuit ; ce n'était pas la première fois que nous étions ainsi servis. Mais ce jour là précisément, après les remontrances qu'il avait subies, le gardien chef avait voulu nous prouver qu'il nous aimait bien, contrairement aux apparences et il assistait à la distribution. Les vociférations et cris d'animaux, qui ont accompagné les serveurs circulant dans la halle avec leur grand récipient, ont contraint ce gardien à s'informer des raisons de ce chahut qui ne cessait pas malgré ses coups de gueule. Il a donc été convaincu de la qualité très insuffisante de ce qu'on nous servait et, le soir la soupe fut un peu plus épaisse, aux fayots, d'où les suites prévisibles... Et le 18 juin approchant, nous avons su que le Comité Français de Libération Nationale avait publié le 16 un message par lequel il invitait les Français à célébrer l'anniversaire du début du mouvement de libération dans une atmosphère d'union et d'espérance.

Sans doute pour coopérer à leur manière à notre fête, les Espagnols nous ont réveillés le 18 à 5 heures et demie du matin sans autre avertissement. Il nous faut donner nos couvertures pour une désinfection. Prise isolément, l'idée est excellente, la manière est mauvaise, mais dans le contexte global c'est complètement stupide puisque la vermine est planquée dans les paillasses. Ils ne nous aiment pas, c'est clair !

A 8 heures et demie, à l'heure du salut habituel aux couleurs espagnoles où nous sommes au garde à vous, nous laissons le clairon terminer sa sonnerie et nous enchaînons aussitôt spontanément par une Marseillaise. Les gardiens sont pris de court et restent sans réaction. Qu'est-ce que c'est que ces "rouges" qui ne chantent pas l'Internationale, mais au contraire l'hymne de tous les Français ?

Déconcertant, non ?

Et pour la sortie au patio, nous avions préparé un coup. En tête du cortège marchant réglementairement au pas et en ordre, Peter vêtu de bleu, moi-même avec mon gilet blanc et Guy Oveid en gilet rouge. Nous avons eu quand-même notre drapeau national.

L'après-midi, nous avons organisé dans la brigade une sorte de crochet radiophonique sans radio, les Basques ont dansé et chanté ; tu sais qu'un Basque, ça chante souvent et que s'il y en a deux on a déjà une chorale alors tu penses, à plusieurs... et c'est très agréable car ils chantent bien. Au patio, compétitions sportives à la mesure de nos faibles forces.

Le soir, ce furent les chants et les histoires en attendant le retour des couvertures. Mais il y aura toujours un nuage devant le soleil ; un petit pain, ration du jour, a été volé à un camarade pendant l'animation. Mais qu'importe, ce geste bestial sera compensé le lendemain, samedi par la distribution de 35 autres pesetas qui nous ont permis de fêter dimanche

Les lettres... jamais écrites

en commandant à l'extérieur une copieuse omelette aux pommes de terre. Comme c'était bon, après avoir eu si faim. Nous l'avons dégustée et l'avons laissée agir doucement pendant une petite sieste. Et le lundi, le miracle d'une double portion de haricots nous ébahit... seulement, le soir je déchantais, terrassé par un accès de fièvre, le mal de tête et tout ce qui s'en suit. Pierre a pris mon pouls en connaisseur : 104 pulsations. Le lendemain j'en étais au même point ; le surlendemain, fièvre et courbatures ; j'ai décidé de me risquer à prendre une douche froide. Cela a retiré au moins le crésyl dont j'étais imprégné et je n'ai pas été plus mal, au contraire.

A la sortie dans le patio, le soleil était déjà très chaud, le sable blanc de la cour nous brûlait les yeux par sa réverbération. Le gardien-chef fit sonner le clairon comme à l'ordinaire avant de rompre les rangs et, cette fois-ci, il prétendit nous faire faire le salut fasciste dans les règles de l'art en criant "Franco". Il faut te dire que cette plaisanterie durait depuis le début de notre séjour, mais nous faisions le salut olympique et, selon l'humeur, certains criaient "Giraud", d'autres "salaud" et toutes sortes de mots se terminant par au ! Cela semblait jusqu'ici satisfaire l'oreille de ce sac-à-vin.

Mais quelqu'un a du cafter ! Peut-être un droit-commun, ils cherchent toujours à "fayoter". Alors, cette fois-là, ça n'a pas marché et le gugusse nous a imposé de rester plantés au garde-à-vous, tête nue dans cette cour brûlante de soleil.

A intervalles, il fit recommencer la sonnerie du clairon à

deux reprises, sans succès. Le gardien nous invectivait en marchant devant le front de notre troupe, la main sur son pistolet à-demi sorti de son étui ; il nous insultait grossièrement par des paroles que je ne veux pas rapporter, ayant trait à la qualité de nos sexes et à l'usage qu'il promettait d'en faire.

Notre délégué Saldou fit passer le mot de ne pas réagir, en aucune façon, même s'il parlait de nos Mères, de nos familles. Cet ivrogne en colère aurait été capable d'abattre sur le champ celui qui se serait risqué à lui faire front. Une troisième fois, le clairon sonna. Au bout du rang, un gars qui en avait assez, se dévoua et leva mollement le bras.

Le gardien devait avoir soif, il s'en est contenté et nous a laissés aller. Cette comédie a duré un bon quart d'heure ou plus et les têtes rasées supportent mal le soleil. C'est le coup de bambou ! Je replongeai dans la fièvre et dans les battements de cœur précipités. Dans mon état semi-comateux, je ne sortis plus au patio, restant victime des puces, mais pas d'infirmerie pour autant.

Le vendredi suivant, jour de service de notre ivrogne, Saldou fut appelé par celui-ci pour une explication sur notre attitude de l'avant-veille. Peut-être avait-il moins bu ce jour là, sans doute aussi que Saldou qui est toujours diplomate a su trouver les mots convaincants. Il en est résulté que nous serons désormais dispensés de faire le salut fasciste et de crier "Franco".

Le jour des Dames de la Croix-Rouge, c'est le samedi.

Les lettres... jamais écrites

Elles sont encore venues nous apporter du pain et des sardines, des oranges, du fromage et du savon. Le consul est annoncé pour la semaine suivante avec des sous ; nous sommes à sec. Nous sommes très conscients des difficultés que les personnes de la Croix-Rouge locale peuvent avoir pour réunir ces dons, aussi les recevons-nous avec reconnaissance. Cette manne une fois partagée entre les trois cent cinquante prisonniers, il n'y a pas de quoi faire vraiment bombance. Certes, à côté de la soupe habituelle qui rend malade d'une façon ou de l'autre, il y a le même rapport qu'entre la lumière et l'obscurité. Le temps, capricieux, s'est mis à la pluie, nous privant des sorties ou les raccourcissant à l'extrême. Le dimanche a été occupé par une corvée de nettoyage plutôt utile. Cette occupation nous a valu un léger mieux sur la soupe. La lecture est venue plus tard, seulement le mercredi 30, avec des caisses de livres laissés par nos visiteuses, mais épluchés par les censeurs. Non, il n'y a pas d'ouvrage subversif ! Je pourrai lire "le désert de glace" de Jules Verne. Mais les provisions ont été vite épuisées et les pesetas n'arrivent pas. Heureusement que Saldou a la gentillesse de nous avancer de quoi acheter un pain de maïs que nous partageons dans notre petit groupe.

Le samedi nous a ramené nos sympathiques visiteuses avec un petit colis, pour nous permettre d'attendre le gros colis et les sous que devrait nous porter le consul. Nous ne sommes plus oubliés et nous devons beaucoup à ces personnes bénévoles, nous avons un contact avec l'extérieur.

neuvième lettre

Avant de recevoir ces visites, le seul contact avec la liberté nous parvenait par les oreilles. L'Espagne très catholique (?), et ne dédaignant pas les loisirs a un calendrier bourré de fêtes.

Saints-patrons de la commune, de la province, du pays, d'une corporation viennent s'ajouter aux fêtes liturgiques traditionnelles ; tant et si bien qu'il ne se passe pas une semaine sans une et parfois deux fêtes.

Chaque fête est l'occasion de réjouissances bruyantes qui durent jour et nuit. Les flonflons des bals et des fanfares des villages les plus proches nous parviennent, atténués après avoir franchi les trois ou quatre kilomètres qui les séparent de notre retraite forcée.

C'est agréable, mais combien amer.

J'en suis, aujourd'hui, à 113 jours d'internement. Nous sommes tous sensiblement au même palmarès à quelques jours près. Des hauts et des bas, des coups au moral et des regonflages. Des santés approximatives meilleures ou moins bonnes selon les antécédents.

Toujours cette volonté d'arriver au but, mais quand ?

A bientôt mon cher Henri, avec les dernières nouvelles.

DIXIÈME LETTRE

Figuerido, le 1er septembre 1943

T'écrire aujourd'hui est ma manière de commémorer l'anniversaire de 1939, ce premier septembre à partir duquel nous sommes entrés dans l'ère catastrophe du nazisme.

J'étais alors au Havre, chez mes cousins Vallette et nous avions pu admirer la veille la sortie majestueuse du "Normandie" qui prenait la mer vers New-York. Nous ne savions pas que ce splendide bâtiment ne devait jamais revenir.

Des événements bien plus graves s'étaient produits depuis lors et on n'a jamais connu les vraies raisons de sa perte par un regrettable incendie, au port. Un bateau français qui avait le ruban bleu ! Je note dans mon agenda qu'un mois de plus s'est écoulé sans que ça bouge à notre égard.

Les gens de l'extérieur sont plus près de nous maintenant, cela réconforte, mais je me sens très loin de celle que j'aime et nous ne sommes pas sur le chemin du retour. Les événements vont assez vite à présent. Avec le concours de

dixième lettre

la Providence, j'espère toujours que nous nous rejoindrons.

Depuis mon dernier courrier, nous avons vécu une curieuse action médicale préventive à la prison de Figuerido. A six heures, les gardiens nous ont dirigés par petits groupes vers l'infirmerie que moi, je connais bien. Le médecin de ville était là, assisté de Navarro le médico.

Après nous avoir fait aligner côte à côte par six, j'ai vu, avec terreur, "el Señor Navarro" armé d'une grosse seringue s'approcher du premier de la file ; et vlan, pique derrière l'épaule gauche, et pchit, une giclée. Sans reprendre souffle, au second : vlan, et pchit ! Au troisième et ainsi de suite. Au dernier, la seringue était vide, il ne restait qu'à la remplir, comme ça, la même, avec la même aiguille.

Groupe suivant...

Il s'agissait d'une piqûre anti-typhique. L'idée pouvait être bonne bien que tardive, l'été approche ! Mais le procédé est incroyable. Nous pouvons tous avoir contracté la vérole ou autre chose si l'un de nous dans les premiers piqués en est porteur.

Pierre Durban est fou de rage, malgré ses protestations en Espagnol, il y passe de force.

Comme nous nous y attendions, l'épaule resta douloureuse pendant plusieurs jours et plusieurs parmi nous eurent un peu de fièvre le lendemain.

A part cette "distraction", nous étions de nouveau dans l'inconnu, sans ressources, sans visite. Une lettre des Dames de la Croix-Rouge est venue rassurer notre camarade Saldou

Les lettres... jamais écrites

qui nous en a transmis la teneur. Elles viendront nous visiter jeudi et nous pourrons faire passer un message à nos familles par la Croix-Rouge.

Nous étions désormais confiants dans ce qu'elles nous disaient car elles nous avaient prouvé que nous étions pris en considération, ce dont nous avons douté pendant de longs jours. Nos ventres vides patientaient tant bien que mal.

Il faut dire que les pesetas ne faisaient pas long feu avec les achats de pain de maïs supplémentaire. Je crois t'avoir dit que nous étions volés comme dans un bois par les intermédiaires, avec la complicité active ou passive, je n'en sais rien, de l'administration carcérale. Tous ces brigands ont barre sur nous qui ne pouvons que "la boucler" sous peine de ne plus pouvoir acheter quoi que ce soit. Quelle ironie du sort, c'est nous qui sommes en taule. Comme ce pauvre garçon de 18 ans qui est en "préventive", en attente de jugement depuis deux ans. Son forfait ? Il a volé un pain dans une boulangerie pour nourrir sa famille dans le dénuement.

Et on voudrait nous faire crier : "Arriba España", c'est à dire : "Vive l'Espagne" ou "Haut l'Espagne". Non, merci ! aurait dit notre Cyrano. Quand on connaît, c'est aussi absurde que le "Gott mit uns" -Dieu avec nous- des Teutons, comparé à leur comportement qui n'a rien de divin.

Comment peut-on entraîner des foules imbéciles à l'aide de slogans en parfaite opposition avec les pratiques du pouvoir en place ?

dixième lettre

Enfin, le 8 juillet, promesse tenue, nous recevions des vivres, et chacun mit dans sa réserve une boite de porc, trois boites de lait, du miel de canne, du sucre en poudre et de la margarine. En plus, une serviette et des sandales. Pas d'argent, mais cela serait presque mieux si l'opération pouvait se reproduire régulièrement. Nous avons pu satisfaire nos estomacs affamés, par petites doses, en cas...

On ignore toujours ce que sera le lendemain ! J'avais rédigé un message très bref pour ma Mère, on nous l'avais demandé sans détail, à cause des censures. Ce fut du style : Je suis en bonne santé, je t'embrasse, transmets à M-F. Et je l'ai remis à nos visiteuses en priant Dieu qu'il parvienne et les trouve en bonne santé.

Le 14 juillet approchait, c'était le mercredi suivant et nous espérions pouvoir le fêter comme il convient. Déjà, le 11 nous apportait la bonne nouvelle du débarquement en Sicile et en Sardaigne, mais aussi une curieuse aventure à propos du "café" du matin.

L'espèce de grande poubelle pleine de jus noir et portée par deux hommes faisait le tour de la brigade, comme chaque jour. Ils commencent toujours par le côté qui nous fait face si bien que nous sommes servis les derniers. Cela nous est égal car ce n'est jamais très chaud et c'est toujours mauvais. Mais voici qu'en approchant de nous, la poubelle presque vide, l'homme de service y plonge la louche tandis que son comparse incline le récipient.

Du geste habituel, machinal, il verse la louche dans la

Les lettres... jamais écrites

gamelle tendue devant lui et, dans la sauce noirâtre, il y avait une souris, toute gonflée, cuite les pattes en croix et la queue raide.

C'est l'horreur des horreurs !... Surtout pour tous les autres qui ont bu leur "café". Certains sont allés vomir ! Quant à nous, nous nous abstiendrons : "Merci garçon, pas de café ce matin !".Ce fut encore l'occasion d'un rapport au directeur par notre bon Saldou.

Un lundi, la direction a décidé de nous donner une journée de grand air, pour cause de blanchiment du local à la chaux. Sortis au patio le matin à 8 heures, nous sommes rentrés le soir à 7 heures. On peut considérer que nous avons fait un pique-nique ! Mis à part que le soleil était brûlant et que le vent qui s'est mis à souffler nous a fouettés avec les grains de sable et de mica du sol, sans parler de l'assaisonnement à la silice dans la gamelle. Quelques coups de soleil sans trop de gravité, mais les têtes couvertes nous ont évité l'insolation.

Nous avons eu la chance qu'un camion nous apporte, juste le 13 juillet, des provisions comme la semaine précédente. Nous avons su pourquoi nous ne recevions jamais de pain. Cela nous fait très défaut, eh bien nous avons appris que la farine existe bien mais qu'il manque l'autorisation de faire cuire le pain. Ça, c'est la dictature... des fonctionnaires. Sans autre commentaire.

Nous avons préparé guirlandes et drapeaux avec des papiers apportés par le camion des vivres. Alors, pour nous

dixième lettre

déranger, l'administration de la prison nous a fait déménager le 14 juillet ; nous avons dû quitter notre halle chaulée de neuf pour nous ranger dans l'autre halle encore très sale. Quand je te disais qu'ils ne nous aiment pas, avais-je tort ? Réciproquement, d'autres changent de brigade dans l'autre sens, sans explication.

Nous ferons quand même la fête, et tous réunis, un peu serrés ; que faire d'autre que de se résigner et s'apprêter à faire la chasse aux vermines. Cette inquiétude s'apaisera vite car il semble y avoir moins de vermine ici. Par contre, il n'y avait pas de douche. L'intervention du medico a été efficace à ce propos puisque une douche nous fut installée dans les jours qui suivirent. Par malchance, il commence à faire très chaud et sec et l'eau vient très rarement, et encore, comme un filet. Il nous est arrivé, après nous être savonnés, de voir le filet d'eau se transformer en gouttes et puis en... rien. La panne dure facilement une journée entière.

Nous avons aussi gagné quelque chose au change, c'est que notre entourage est mieux choisi. Les anciennes relations de patio ont permis des regroupements par affinités, c'est mieux car la cohabitation entre gens d'éducations très diverses n'est pas facile pendant de longues périodes, même si le cœur y est. De plus, et par une bonne habitude dont nous ne nous plaignons pas, on a chaulé aussi ce local après quelques jours d'attente.

Le dimanche 18 juillet devait être aussi une fête... pour les Espagnols car c'est la fête de la Phalange, les premiers

Les lettres... jamais écrites

partisans de Franco, les purs et durs. Il n'était pas du tout dans notre intention de nous réjouir ce jour là, mais nous en avons profité en ce sens que nous avons eu une décoction d'écorces de cacao le matin à la place du "café", une soupe aux fayots à midi ET une gamelle de riz ET sept toutes petites poires.

Le soir, la fête était finie : repas très léger de patates dans leur baignoire où flottaient quelques flageolets. Et comme le temps a été mauvais, nous n'avons pas eu de sortie.

Notre impatience est très grande, le temps est très mauvais, mais le 20, M. Blanchot du consulat est revenu avec les Dames. Ils nous apportent quelques conserves et aussi quatre semaines d'allocation : 140 pesetas par personne. Hurrah ! Mais le meilleur message a été que l'on parlait d'un départ de cent cinquante prisonniers par ordre de situation militaire. Nous avons craint un instant que les "bleus" que nous sommes restent encore ici longtemps. Il parait que non et que la prison doit être vidée d'occupants avant le 1er octobre. Si nous le croyions vraiment, ce serait satisfaisant, mais comme nous en avons entendu d'autres, nous préférons prendre cela comme une galéjade de plus.

De manger un peu mieux parce que le serveur peut nous remplir la gamelle, de pouvoir passer des commandes de victuailles et d'un peu de tabac, d'améliorer les courtes rations avec les vivres de la Croix-Rouge, tout cela remonte quand même le moral, mais pas l'impatience. Je trouve dommage que Peter soit de mauvais poil par moments, mais

dixième lettre

ça lui passe. D'ailleurs qui n'est pas de mauvais poil à un moment où à l'autre dans cette prison. Et puis si je suis sans nouvelles des miens, Peter est sans nouvelles de sa sœur et comme il sait qu'elle cache des gens de passage, il a des raisons.

Celui qui n'a jamais eu faim ne peut pas savoir combien l'omelette du vendredi 23 juillet nous a été agréable. Bien sûr, elle nous a coûté le prix d'un repas complet au restaurant, mais tant pis. Nous comptons car il faut faire durer ce "confort", mais nous essayons de tirer le meilleur avantage de nos subsides.

A ce moment, ayant recouvré quelques forces, nous avons voulu reprendre un peu d'activité physique pour réarticuler les squelettes. A nous la gym ! Ça n'a pas raté, le premier matin où nous avons mis cette bonne résolution en pratique, je me suis déboîté quelque chose dans l'épaule droite. Cela m'a fait très mal, j'avais la pénible sensation de ne pas pouvoir respirer. Pierre a essayé de me tirer, en vain.

J'arrivai à me caler en position de tire-bouchon bossu, c'est moins douloureux. Ce n'était pas de chance car nous avions commandé un vrai repas avec omelette, côtelettes, frites, salade de pomme de terre et oignons, gâteau de riz et un peu de vin. Avec un cigare. Toute la brigade avait fait cette folie nécessaire, obtenant ainsi un meilleur prix. Sans aucun doute, nos visiteurs nous ont tout de même convaincu de l'approche de la libération. Même les pessimistes suivent le mouvement car on peut avoir des doutes et avoir faim quand même ! Pour moi, ce fut une pénible acrobatie que de rester tordu dans le sens où j'avais le moins mal à l'épaule et de manger quand-même parce que j'en avais bien envie. Je réussis enfin à aller voir le médico qui parvint à limiter mon handicap par un bon massage.

Maintenant, nous attendions toujours fiévreusement la visite du mardi qui semblait bien établie. Effectivement, M. Blanchot revint avec d'autres nouvelles confirmant le départ total avant le 1er octobre.

Vite, vite, car la chaleur est devenue insupportable, aggravée par les attaques de puces. Malgré la sueur, elles piquent et mon dos qui me faisait encore souffrir, différemment, d'une douleur plus étendue, ne supporte pas leurs morsures.

A force de prendre une attitude originale avant le massage, j'ai du me tordre autre chose. La paillasse est très mince et je ne savais pas comment me coucher sur ce ciment ; mal sur le dos, mal sur le côté, c'était on ne peut plus décourageant.

Pourtant, nous donnons satisfaction à nos estomacs, avec modération et presque régularité. Mais la folie des jours passés était nécessaire, comme un exorcisme.

Il y a tout de même quelqu'un à qui l'idée de notre prochaine libération semble faire de la peine : c'est l'aumônier de la prison. A l'idée de perdre ses fidèles (libres et contraints), on voit qu'il a du souci, le cher homme, car son comportement à la messe du 1er août révèle un grand trouble spirituel.

Les quelques uns des assistants qui ne se montrent pas

dixième lettre

assez attentifs à son office ont été signalés aux gardiens par ce prêtre, et ouste ! Direction la cellule. Qui aime bien châtie bien, c'est sans doute ce que pense ce bon Père de la Fille aînée de l'Église de Rome. Quelle mauvaise réclame pour les vocations.

Et cette semaine n'a pas vu venir nos visiteurs désormais habituels. En revanche, le mercredi a donné à nos camarades Juifs la satisfaction de recevoir une lettre de leur comité d'entraide ; ils en ont fait part à tout le monde et ne semblent en aucune façon vouloir monopoliser un quelconque avantage, si toutefois il devait y en avoir.

Malheureusement, certains d'entre nous commencent à jaser ; il y aura même de pénibles algarades sans suite parce que vite arrêtées par la majorité raisonnable. Je me suis demandé si ce genre de réaction injuste et stupide se produirait si toute autre collectivité ethnique, Basques, "Belges", "Anglais" ou "Canadiens" recevait un mot écrit par son comité d'entraide.

Ce qui nous a certainement le plus frappés à la suite de ce trouble, c'est l'attitude regrettable prise par un de nos représentants à l'encontre des Juifs.

(Il ne s'agissait évidemment pas de notre ami Saldou).

Tu vois, mon cher Henri, comme des hommes sont stupides par moment. Ici, les Basques se sont rassemblés, et personne n'en a été choqué, il y a un problème de langage.

Si plusieurs Polonais s'étaient trouvés là, personne n'eut protesté de les voir se regrouper. Des Juifs, il y en a partout

Les lettres... jamais écrites

dans cette taule, disséminés en fonction des affinités qu'ils se sont trouvées avec d'autres compagnons. Jamais ils n'ont cherché à faire le "bloc des Juifs" et, beaucoup d'entre eux n'étant pas "typés" seraient passés totalement inaperçus si on ne les avait pas entraînés de force à la Messe. Ils n'ont pas de problème de langage ni de nationalité. Ils ont été persécutés chez nous et ailleurs à cause de leur origine, ils subissent les mêmes avanies que nous tous et souffrent moralement et physiquement de la même façon, quel malheur veut-on en plus !

Si nous-mêmes, catholiques, au lieu d'être écœurés par le clergé espagnol, nous avions trouvé un réconfort fraternel chez les ministres de notre religion, n'en aurions nous pas été heureux et n'aurions nous pas communiqué cette chaleur à tous les autres ?

Mais voilà que le 6 août, on appelle ceux qui avaient manifesté le désir de rentrer en France. Ils ne le veulent plus maintenant, ce qui prouve bien que leur réaction était due à une dépression provoquée par l'incarcération sans issue prévisible. Ils sont restés avec nous, ils veulent vraiment combattre.

Je commence à me poser des questions sur ma qualité de futur combattant ! Le régime taulard m'aurait-il dérangé à ce point. Je me suis réveillé un matin avec un mal de tête épouvantable, des boutons plein la tête, un orgelet, le nez qui saigne et la fièvre pour faire un lot complet. J'étais incapable de me lever, et par malchance, le médico était alité, lui aussi. Je restais donc couché avec mes puces.

Pierre Durban, malgré sa bonne volonté, ne pouvait que me prodiguer de bonnes paroles, ce qui ne remplace pas le coton et l'alcool, mais ça aide à supporter.

Le lendemain, le brave Navarro était remis de son malaise et il vint me chercher pour me soigner à l'infirmerie. Il m'a nettoyé le pus dans l'œil, il a du m'arracher des cils à la paupière inférieure où était logé l'orgelet, j'ai joui ! Et je suis revenu près des copains avec un bandeau sur l'œil gauche. Ça n'a pas empêché mon nez de saigner encore ni un panaris de se manifester timidement. J'attendrai la suite, et pour l'instant, j'ai écrit un petit mot à Gustave, mot qui pourra peut-être passer par la Croix-Rouge après la prochaine visite que nous attendons pour ce mardi.

C'est égal, la fréquentation continue de la vermine et l'alimentation sans hygiène finissent bien par créer des problèmes. J'avais un simple panaris et me voilà avec 38,5 de fièvre. Je faisais corps avec ma paillasse, le ciment, la taule ! Après l'œil, c'était le pouce, du même côté gauche. Navarro m'a emporté à l'infirmerie, je le suivais du pas d'un bétail qu'on conduit à l'abattoir

-"Il faut arracher l'ongle", me dit-il d'un air ennuyé.

-"Ah non", répondit la victime sans force.

-"Alors, on va déjà essayer de couper l'ongle près de la racine"

-"O.K"

Un plongeon du pouce dans un coton bien imbibé

Les lettres... jamais écrites

d'éther. Ça pue.

-"Ne bougez pas", ordonna Navarro.

Je me cramponnai le poignet gauche avec la main droite au point de gêner la circulation du sang. Nous étions debout tous les deux. Navarro a attrapé le pouce malade et, d'un geste sûr, il a enfoncé les ciseaux entre l'ongle et le doigt, au ras de la lunule. Je serrais les dents, je serrais le poignet, je serrais les fesses. Décidément, le bougre a un talent accompli pour faire jouir ses clients. Ça fait très mal, mais Navarro va assez vite, ce n'est pas un tortionnaire ; diable d'homme, il a le cœur bien accroché ; moi aussi, je commence à le croire.

L'ongle est tombé dans le haricot, le panaris s'est vidé, l'eau oxygénée n'a même pas fait mal. Au point où j'en étais, je ne ressentais plus de douleur locale. C'est la main droite qui, accrochée au poignet gauche, a conduit le pouce vers l'eau oxygénée. Le pouce tremblait très vite, il vibrait maintenant que tout était passé. Après le pansement, j'ai été admis à l'infirmerie, Navarro n'était pas sûr de la suite.

C'est là que j'ai appris, le 17 août que la Sicile était aux mains des Américains. Voilà une bonne nouvelle, mais l'information que me donne mon voisin de lit est moins chaleureuse ; tandis que nous traversions les Pyrénées et que je souffrais de diarrhée comme je te l'ai écrit, certains voulaient me descendre dans la montagne par crainte d'être retardés. Sûr que nous avions tous peur à ce moment là, nous prenions un grand risque. Mais certains avaient plus

dixième lettre

peur que d'autres au point de pouvoir devenir des criminels. Heureusement que Blasquiz le guide, était d'une autre trempe ; c'est lui qui leur en a fait passer l'idée.

Comme ma fièvre persistait et que le panaris ne voulait pas se fermer, il y eut une nouvelle menace d'arracher l'ongle... à moins qu'on essaye de supprimer le pansement gras et de laisser le tout à l'air. J'ai choisi la seconde solution, laissant Navarro momentanément dans le doute. Après nettoyage, il m'a badigeonné le pouce de teinture d'iode et on a laissé le tout à l'air. C'était le bon choix, la cicatrisation s'est opérée ; il n'y aura plus qu'à laisser repousser l'ongle.

Mais ce n'était pas fini, j'ai été pris de douleurs rhumatismales tandis qu'un orgelet me venait à l'œil droit en même temps qu'un abcès sous le bras, à l'aisselle. Ce brave Navarro était gâté avec un client pourri comme cela ! Nous en plaisantions tous les deux, même quand il m'arrachait les cils à droite pour soigner l'orgelet. Mais que ça faisait mal !

Et pourtant, je n'étais pas le plus malheureux ; un Espagnol condamné à trente ans pour opposition à Franco s'est jeté par la fenêtre dans une petite cour centrale. Il s'est cassé les chevilles et s'est abîmé la tête. Pauvre Cordero !

Du côté de nos visiteurs, nous n'avions pas de bonnes nouvelles. On nous laissait entendre que des Français auraient quitté Madrid pour embarquer au Portugal.

La semaine suivante, on n'en était plus sûrs et puis, il paraît que les départs ne dépendent pas des Américains, mais des Espagnols. M. Blanchot du consulat, ne devait être

Les lettres... jamais écrites

averti que 48 heures avant les départs. Alors, nous avons bien accueilli le savon et la confiture qu'il nous a apportés.

Cela ne nous empêche pas de souffrir de cet enfermement qui semble de nouveau sans fin. Nous perdons notre temps ici, l'inactivité est déprimante et j'en arrivais presque à penser que les souffrances physiques sont un passe-temps.

C'est vrai qu'une journée est vite passée à se faire vider des abcès ! La tête n'a pas le temps de trop penser, sinon à fixer la pensée sur le point douloureux. Un badigeon à l'eau oxygénée sur une plaie ouverte vous calme la réflexion pendant une bonne demi-heure !

Wait and see disent les Anglais. C'est Peter qui me l'a appris. Mais nous attendons déjà depuis longtemps et nous ne voyons pas.

C'est encore un taulard qui te salue, en espérant que cela cesse.

Documents

Monseigneur Boyer-Mas et la secrétaire Mme del Gado ont recensé les Français Évadés emprisonnés en Espagne.

STATISTIQUES EXTRAITES DE "UNION DES COMBATTANTS" n° 35, mars 1979.

Mobilisés 39-45	6.000.000
Forces françaises fin 1939	110 divisions
Prisonniers de guerre	1.400.000
Evadés de guerre d'Allemagne repris	140.000
Evadés de guerre d'Allemagne ayant réussi	71.000
Combattant Volontaires - FFC - Réseaux de Renseignements Evasion Action	107.823
Réseaux homologués 40-45	266
FFI - RIF - Maquis Armée Secrète	272.353
Evadés de France par l'Espagne	33.000
Evadés pris par les Allemands et déportés	3.860
Morts au passage des Pyrénées	320
Morts en internement en Espagne	130
Revenus en France	1.500
Arrivés et Engagés en Afrique du Nord	19.600
Arrivés et Engagés en Angleterre	3.400
Evadés étrangers engagés dans l'Armée française	1.900
Femmes, enfants, hommes non mobilisables ayant passé par l'Espagne et arrivés en Afrique du Nord	4.000
Départs d'Espagne pour Etats-Unis, Argentine, Israël	2.000
Evadés engagés à la 2ᵉ D.B.	6.500
Evadés et engagés à la 1ʳᵉ Armée et Armée d'Italie	9.800
Evadés engagés aux Parachutistes Commandos Aviation Marine	6.700

Le passage en Espagne et les convois

Liste des convois partis d'Espagne en 1943-1944

Par le Portugal :
19 février 1943
18 avril 1943
23 mai 1943
9 juin 1943
25 juin 1943
15 juillet 1943
18 août 1943
21 septembre 1943

Par Malaga :
21 octobre 1943
2 novembre 1943
14 novembre 1943
29 novembre 1943
13 décembre 1943
29 décembre 1943

Par Algeciras ou Gibraltar
2 février 1944
11 février 1944
24 Février 1944
22 mars 1944
1 avril 1944
8 avril 1944
15 avril 1944
28 avril 1944
7 mai 1944
16 mai 1944
26 mai 1944
2 juillet 1944
14 août 1944
29 septembre 1944
8 octobre 1944
11 octobre 1944
23 octobre 1944
3 novembre 1944
13 décembre 1944
19 décembre 1944
2 janvier 1945

N.B. — Les convois précédents (1943) étaient tous gardés militairement jusqu'à la frontière ou le port d'embarquement.

Rapatriés en France
31 décembre 1944 (depuis Madrid)
30 avril 1945 (depuis Barcelone)
5 mai 1945 (depuis Barcelone)

Madrid, le 24 juin 1977.

DETAILS DES CONVOIS PARTIS D'ESPAGNE ET DU PORTUGAL EN 1943, 1944 et 1945

1ᵉʳ FEVRIER 1943 : Algésiras (150) Anglais - Londres
19 FEVRIER 1943 : Setubal (1.500) Croix-Rouge - Casa
28 AVRIL 1943 : Setubal (1.500) Croix-Rouge - Casa
23 MAI 1943 : Setubal (300) Croix-Rouge - Casa
9 JUIN 1943 : Setubal (592) Croix-Rouge - Casa
25 JUIN 1943 : Setubal (500) Croix-Rouge - Casa
15 JUILLET 1943 : Setubal (1.500) Croix-Rouge - Casa
18 AOUT 1943 : Setubal (1.162) Croix-Rouge - Casa
21 SEPTEMBRE 1943 : Setubal (1.200) Croix-Rouge - Casa
21 OCTOBRE 1943 : Malaga (199) Croix-Rouge - Casa
2 NOVEMBRE 1943 : Malaga (1.500) Croix-Rouge - Casa
15 NOVEMBRE 1943 : Malaga (1.500) Croix-Rouge - Casa
29 NOVEMBRE 1943 : Malaga (1.500) Croix-Rouge - Casa
13 DECEMBRE 1943 : Malaga (1.500) Croix-Rouge - Casa
29 DECEMBRE 1943 : Malaga (1.500) Croix-Rouge - Casa
2 FEVRIER 1944 : Gibraltar (27) Croix-Rouge - Casa
11 FEVRIER 1944 : Gibraltar (33) Croix-Rouge - Casa
24 FEVRIER 1944 : Gibraltar (207) Croix-Rouge - Casa
22 MARS 1944 : Gibraltar (199) Croix-Rouge - Casa
1ᵉʳ AVRIL 1944 : Gibraltar (40) Croix-Rouge - Casa
8 AVRIL 1944 : Gibraltar (35) Croix-Rouge - Casa
15 AVRIL 1944 : Gibraltar (39) Croix-Rouge - Casa
28 AVRIL 1944 : Gibraltar (37) Croix-Rouge - Casa
7 MAI 1944 : Gibraltar (221) Croix-Rouge - Casa
16 MAI 1944 : Gibraltar (27) Croix-Rouge - Casa
26 MAI 1944 : Gibraltar (432) Croix-Rouge - Casa
2 JUILLET 1944 : Gibraltar (534) Croix-Rouge - Casa
14 AOUT 1944 : Gibraltar (402) Croix-Rouge - Casa
29 SEPTEMBRE 1944 : Gibraltar (30) Croix-Rouge - Casa
8 OCTOBRE 1944 : Algésiras (26) Croix-Rouge - Casa
11 OCTOBRE 1944 : Algésiras (40) Croix-Rouge - Casa
23 OCTOBRE 1944 : Algésiras (77) Croix-Rouge - Casa
3 NOVEMBRE 1944 : Algésiras (17) Croix-Rouge - Casa
13 DECEMBRE 1944 : Algésiras (6) Croix-Rouge - Casa
19 DECEMBRE 1944 : Algésiras (20) Croix-Rouge - Casa
2 JANVIER 1945 : Algésiras (35) Croix-Rouge - Casa
31 DECEMBRE 1944 : depuis Madrid vers la France (227)
30 AVRIL 1945 : depuis Barcelone vers la France (?)
5 MAI 1945 : depuis Barcelone vers la France (?)

Les lettres... jamais écrites

ONZIÈME LETTRE

Figuerido, le 8 octobre 1943,

Te souviens-tu, cher homme tranquille, du 3 septembre 1939 et du gâchis provoqué par Hitler, grâce aussi à nos hommes politiques Français et Anglais qui, pour une fois en parfaite entente cordiale, se sont si aimablement prêtés à son jeu. En lui fournissant au besoin des matières premières qu'il retourne maintenant franco de port, par bombardement.

Mais comme toujours, il y a gros à parier que ceux qui prennent les colis sur la tête n'étaient nullement intéressés aux profits de la fourniture.

Nous avons repensé à cet anniversaire quand, à quelques jours près, les Alliés ont débarqué en Italie en avançant de 29 kilomètres le premier jour. Tu vois que des bribes de nouvelles importantes nous parviennent, à mesure que les journaux espagnols ne peuvent vraiment pas les cacher. Le 9 septembre, l'Italie avait capitulé ; il paraîtrait même qu'un armistice avait été signé huit jours avant à la condition de rester secret. Les troupes allemandes qui avaient afflué au sud lors du débarquement sont maintenant coupées de leurs arrières. Et pour comble de joie, j'ai reçu une lettre de France pour la première fois. Elle n'est pas fraîche et ne dit pas grand chose, sinon que tout le monde se porte bien. Pour moi, c'est capital ; merci à tous ceux qui se dépensent pour faire passer ces simples messages de vie. Je n'avais pas fait un très long séjour à l'infirmerie, mais quelques jours avaient suffi pour que change l'ambiance de la brigade, le malaise des prisonniers s'était changé en désordre. Il n'y avait plus aucune discipline entre nous ; ce qui permet de supporter la promiscuité était en péril. L'eau faisait défaut, les latrines étaient engorgées et comme les soupes au chou ou aux haricots faisaient des ravages, on voyait des types se bousculer à qui arriverait le premier sur un trou à la Turque autour duquel on ne savait plus où poser les pieds.

Prendre une douche le soir, à l'heure où commençait à couler un mince filet d'eau, relevait de l'exploit sportif. J'y parvins cependant un soir. Dans l'attente, nu, j'y pris un rhume avec la douche au goutte à goutte... et je retrouvai ma place dans la plus parfaite obscurité car la lumière avait été coupée. Cette panne de lumière était fréquente à cause d'orages proches ou lointains ou pour toute autre raison.

Mon retour périlleux nécessitait d'enjamber nombre de dormeurs allongés, entrelacs de jambes, de corps, de paillasses et de couvertures. Le trajet fut ponctué d'insultes, grognements ou jurons selon la profondeur du sommeil des victimes, chaque fois que mon pied trébuchait sur un abattis. Je parvins enfin à ma place et pus m'endormir à mon tour.

La nuit suivante, mon sommeil fut mauvais car l'abcès sous le bras gauche s'était étendu et il me fallut de nouveau recourir aux bons soins du "pratiquant" Navarro. Après avoir consciencieusement vidé l'abcès, ce qui fut une sorte de prologue à l'opération, Navarro introduisit dans l'orifice qui était profond, l'embout d'une grosse seringue emplie d'eau oxygénée. Après m'avoir dit que j'allais chanter, il vida la seringue dans le trou. Je n'ai pas chanté parce que le chant s'est coincé dans ma gorge, je crois que j'ai dit Ouhla ou quelque chose de semblable. Alors, sans attendre que la douleur soit apaisée, Navarro introduisit une mèche longue comme le doigt à l'aide de sa pince dans la cavité de l'abcès. Il a très bien fait d'aller vite, il m'a évité une seconde douleur. Un sparadrap par dessus et retour à la brigade.

Cela ne dura pas longtemps, je ne pouvais plus me passer de ce brave Navarro. Je m'offris encore un abcès à côté du premier et un autre dans le dos. Le pratiquant n'en revenait pas :

-"Encore vous ?"-.

Mais ce n'était pas moi le plus mal en point. Certes tous ces bobos étaient douloureux, gênants, mais pas très inquiétants, ils pourraient être soignés ultérieurement. Notre camarade Victor Morlaix (nom d'emprunt) était très mal, il fallut le transporter à l'hôpital. On prononçait le mot de typhus. Dieu merci, deux jours plus tard nous avons été rassurés sur son

onzième lettre

sort, il a eu une mauvaise fièvre, quelque infection sans doute, et il a dû rester hospitalisé. Pour moi, je me suis contenté de quelques visites à l'infirmerie ou Navarro me pressait, tantôt le dos, tantôt le bras, tranchait, vidait, seringuait, méchait, compressait et mettait une rustine.

Malgré les visites du mardi, presque régulières à présent, on ne pouvait rien savoir. M. Blanchot nous annonce ce qu'il sait, c'est à dire peu de choses. Tantôt, il y avait peut-être une issue en vue, tantôt tout était reporté. Des motifs ? Il n'y en avait pas c'est comme cela ! En attendant, nous appréciions les raisins secs que je trouvais éminemment meilleurs que les sulfamides que le médecin (le vrai) a fini par me prescrire.

Comme il fallait que j'aie une occupation, étant donné mon tempérament actif, voici la courante qui a repris de plus belle. En terme savant, les médecins nomment cela une diarrhée profuse. Ça fait plus instruit, mais le résultat est le même. Je n'avais plus envie de manger, plus d'appétit c'était un comble. Mal au bras, mal au dos, mal au ventre et l'arrière train en charpie à cause de l'usage abusif que j'en faisais malgré moi. Je me sentais vidé, c'était bien le moins !

Navarro me donna du bismuth préparé à petites doses pliées dans des petits papiers blancs. Les choses s'arrangèrent un peu de ce côté.

Nous avons eu la visite de M. Giraud qui remplace M. Blanchot au consulat. Il nous a dit que notre départ s'approchait. Ce genre de nouvelles étant comme le temps d'ici, un jour soleil de plomb, le lendemain, le déluge, on a

Les lettres... jamais écrites

rigolé dans les brigades... pour ne pas pleurer et parce que l'on ne peut pas se révolter. Mais les rires sonnaient faux.

Toujours pour passer le temps, j'ai eu droit le 23 à une piqûre d'anatoxine staphylococcique. Après cela revinrent la fièvre et la douleur au bras à l'endroit de la piqûre, mais pour les résultats : rien ! Si, plus tard, quelqu'un me dit que je n'étais pas "Réfractaire", j'aurai des raisons de le contredire.

Le lendemain, c'était la fête des prisonniers, jour de la Virgen de la Merced comme me l'indique mon agenda. En Français, c'est la Vierge de la Grâce. C'est humoristique, non, d'en faire la fête des prisonniers ? Fayots dans la soupe, cela ne m'arrangeait pas, mais on n'avait pas prévu de menu de régime. Heureusement que la Croix-Rouge nous avait envoyé la veille du lait concentré pour les malades. J'en ai eu et, de ce fait on l'a partagé dans notre petit groupe. Comme il convient qu'une fête sainte en Espagne soit marquée par un événement exceptionnel, on nous a enlevé les couvertures américaines neuves que nous avions touchées lors de notre changement de brigade et qui avaient contribué à diminuer un peu la vermine ; en échange, on nous en a donné des vieilles, crasseuses, et de plus, il n'y en avait pas pour tout le monde.

Malgré le changement de notre visiteur, voilà bien longtemps que nous n'avions pas touché un maravédis et que nous en étions réduits à la louche de rancho et au petit pain quotidien. Tout le monde s'aigrit de cette triste situation. Je ne me sentais pas trop privé, car l'appétit ne m'était pas revenu, je souffrais

onzième lettre

d'une brûlure continuelle à l'estomac. Une seconde piqûre d'anatoxine n'influença pas les abcès et autres furoncles qui poursuivaient leur carrière sans défaillance.

Navarro se dépense car les "clients" ne lui manquent pas. Presque tout le monde a droit à quelque trouble ; les diarrhées sont monnaie courante, il distribue du bismuth à petites doses. Il est vrai que cela calme, mais le régime ne change pas : soupe aux choux, aux haricots, parfois mêlés de riz, interlude de patates, et on repart gaillardement sur le chou. Alors aucun remède ne peut réaliser le miracle.

D'après une récente information, il parait que la prison de Figuerido devrait être désaffectée et vidée de ses occupants. Ce ne sont pas les prisonniers qui s'en plaindront si on ne les renferme pas ailleurs. Mais ici l'on proclame Espagne grande et libre, alors nous craignons ; grande, elle l'est assez pour disposer de prisons en quantité suffisante pour y enfermer la population quitte à la tasser ; libre, c'est peut-être vrai pour le pays, mais pas pour les gens. Nous devrions prendre cette information comme une bonne nouvelle, mais on ne nous la fait plus ; nous devions être loin avant le 1er octobre, nous sommes encore ici. Le directeur de la prison a télégraphié à la direction générale pour avoir des informations et des instructions, sans résultat. Il ne sait que faire de nous. D'un côté, on lui dit de fermer boutique, de l'autre on lui laisse son stock de taulards ! Encore un prodige de l'administration...! Dans la foulée, il aura pu savoir qu'un convoi est parti vers le Portugal le 25 septembre.

Les lettres... jamais écrites

Et pendant ce temps, nous avons appris avec peine la mort d'un de nos camarades sur trois qui avaient été hospitalisés. Il a été emporté par une méningite tuberculeuse.

Nous avons une triste impression, notre moral un moment remonté est tombé à nouveau. Il nous semble que nous sommes des indésirables pour les autorités de la France Libre. Le feu sacré n'est plus que braise, les caractères sont acariâtres. Nous souffrons les uns des autres, même dans notre petit groupe où, pourtant un sentiment de franche camaraderie s'était établi. Il n'y a plus que la bonne éducation pour maintenir un semblant de sociabilité. Les études auxquelles nous nous sommes astreints ne sont plus qu'un bouche-trou. La moindre peccadille devient conflit ou bouderie.

Pourtant, la prison se vide petit à petit des Espagnols. Ces pauvres gens sans espoir sont distribués dans d'autres lieux de détention. Comme nous n'avons plus à partager les heures de patio avec eux, nous en profitons longuement. Depuis le début du mois, il a fait beau, dans l'ensemble, la température est supportable. On nous a enlevé le clairon, ouf ! On nous a aussi supprimé l'eau, ça n'est pas fait exprès mais c'est une habitude dans l'Espagne profonde, l'eau manque alors ceux qui n'ont pas de puits n'ont pas d'eau. Et nous n'avons pas de puits.

Nos nerf à fleur de peau nous font constater avec plus d'acuité que les Français d'ici sont divisés en deux blocs : une brigade et l'autre brigade. C'est inimaginable que des gens ayant, en principe, le même idéal se retrouvent comme

onzième lettre

des villageois de deux bourgs voisins : des adversaires.

Personne n'en vient aux mains, heureusement, mais c'est très désagréable de se sentir regardé comme un étranger au moment d'engager la conversation avec des gens "d'en face". Nous sommes pourtant sur le même bateau, nous subissons les mêmes coups de tabac !

Le lundi, des sous sont tout de même arrivés, mais pas d'information. C'était pour moi un jour mémorable puisqu'il y avait exactement un an que j'avais rencontré ma fiancée, te souviens tu ? Malgré cette nouvelle fortune, je ne pourrai même pas lui offrir des fleurs. C'est partie remise, mais à quand ? Le mardi 5 j'ai pu enfin me laver. Ce n'est pas du luxe et la seringue de Navarro a traversé un épiderme propre.

C'est dans cette morosité d'inoccupés que nous regardons partir par groupes les prisonniers politiques espagnols. Vers quel destin vont-ils, pauvres gens qui ne tiennent pas plus à la vie que la vie ne tient à la plupart d'entre eux.

Un mot d'un "juge" et ce sera 12 balles, un petit matin... pour avoir résidé dans un village "rouge" selon la nomenclature franquiste.

Soudain, le temps s'est mis de la partie, il pleut à présent. La piqûre m'a fait souffrir jusqu'à aujourd'hui où j'ai résolu de t'écrire.

Les "politiques" sont tous partis. Au tour des "droit-communs". Dommage que les gardiens ne suivent pas !

A très bientôt, on sent la fin ! ?

DOUZIÈME LETTRE

Malaga, le 1er novembre 1943,

Constate, mon cher ami, que je t'écris de Malaga. Oui, je suis, nous sommes à Malaga, en instance de quitter l'Espagne.

Je vais donc te raconter le dernier épisode de cet internement qui s'est enfin terminé à force de n'en pas finir.

Le samedi 9 octobre, M. Giraud est arrivé à l'improviste, enfin porteur de nouvelles et de matériel. Il nous annonça que nous partirions très bientôt.

-"Ouais ! "- disions nous comme des gens à qui on ne la fait plus.

-"Mais si, mais si"- répétait-il comme un qui nous avait compris.

En attendant, nous avons pris ce qui arrivait, à savoir des couvertures, des pantalons et des quantités de conserves. Et je me retrouvai, comme les copains, muni d'une couverture, d'un falzar, de cinq boites de thon, de deux boites de

douzième lettre

cervelle à partager pour trois types et de vache qui rit, (c'était bien la seule vache riant dans cette prison). Et même le savon est bien arrivé pour le retour de l'eau. Une seule inconnue encore : ne faudrait-il pas transiter par la prison provinciale de Salamanque ? Les Espagnols sont vraiment décidés à vider Figuerido !

Mais nous aussi, bien sûr que nous voulions en partir, mais pas pour visiter un autre musée.

Le lundi, nouvelle visite surprise de M. Giraud avec les Dames de la Croix-Rouge. Nous voilà de nouveau réconfortés. Ils apportaient des nouvelles officieuses au sujet de notre départ. Il paraîtrait que des prisonniers d'Orense devraient partir le 21 octobre avec cinquante de Figuerido. Le "solde" quelques jours plus tard. Il ne devrait pas y avoir de transit, tant mieux. Nous commencions à y croire. Pour fêter l'événement, le medico m'a repiqué. Le temps s'est remis à la pluie mais l'espoir nous habite et une distribution de cigarettes, même infectes, nous réconforte.

Nous pensons à notre ami Victor qui est toujours hospitalisé et nous nous risquons à lui envoyer une lettre pour le tenir au courant de nos informations et lui dire qu'on ne l'oublie pas. Un bruit s'est mis à courir parmi nous selon quoi vingt et un des nôtres partiraient vendredi. Mais vendredi, c'était le lendemain et compte-tenu de la technique du "Mañana" que j'ai eu l'occasion de t'expliquer, cela pouvait aussi bien reporter à un autre vendredi. Et bien, non, c'était celui-là. Le vendredi 15, le réveil fut donné à 7

Les lettres... jamais écrites

heures. En même temps, les informations nous disaient que le Portugal avait cédé les Açores à l'Angleterre ! Peu après, l'Allemagne avait déclaré la guerre au Portugal. Si ce n'était pas la guerre, ce serait comique car il ne semble pas que les Germains soient vraiment en forme. La piquette à l'est, la trempe en Italie, l'Angleterre qui résiste... et nous qui arrivons pour aider les Africains à leur donner une tisane !... Et ce jour là, on a appelé cent dix sept gars qui partaient directement pour Malaga nous dit-on. Je n'en étais pas, mes amis non plus. On grognait, mais quelqu'un nous rassura, ce devait être pour la semaine suivante.

La fin de semaine fut assez morose, il faisait un temps de chien, je m'offrais une fois de plus le luxe d'un abcès à l'aisselle ; c'était bien la peine de m'avoir piqué pour un si piètre résultat. Je pouvais à peine remuer le bras et la redoutable soupe aux choux était infecte, elle passerait sans doute trop vite. Heureusement que nous avions les provisions laissées par nos visiteurs, car il ne pouvait plus en venir du dehors maintenant. Alors, la corvée de patates nous a un peu détendus. Nous savons au moins que nous mangerons des patates, c'est sans doute ce qu'il y a de mieux pour la soupe avec, à la mode espagnole, un peu d'huile et une épice rouge. On s'y fait !

A la visite du mardi, tu penses bien que nous avons questionné nos visiteurs. Pas de nouvelles, mais 70 pesetas sans emploi ! Et je suis repassé à la piqûre bien que mon abcès se soit guéri sans autre soin. Ce jour là, il faisait un

douzième lettre

vent effrayant sous un ciel triste. Mais Peter a reçu une lettre de sa famille d'Angleterre avec satisfaction. On ne dira jamais assez ce que le contact avec l'extérieur peut avoir de prix pour les prisonniers. Malheureusement, il peine toujours d'être sans nouvelles de sa sœur.

Le 20, certains d'entre nous ont reçu des lettres provenant de ceux qui sont partis le vendredi précédent.

L'impression est qu'on nous attend. Mais aussi, des bruits de couloir concernent l'ancien représentant français qui nous avait visités avec beaucoup de retard. Quoi de vrai ? Et le temps était comme nous ces jours là, impatient de l'automne, il pleuvait, il ventait, le brouillard séparait les averses. Le vendredi, j'étais de corvée de W.C., c'est sale mais ça passe le temps, et puis, il y a de l'eau à présent. L'après-midi, on nous a dit que le départ serait pour mercredi. On veut bien tout croire, maintenant. Alors, faute de pouvoir faire venir des aliments, nous nous sommes fait apporter une bouteille de Cognac le samedi 23.

Décidément, la discipline est tout à fait large, il n'y a plus que les murs qui nous gênent. Des lettres nous sont parvenues de Malaga. La corvée de choux de ce dimanche nous a presque parue plaisante. Le temps s'est remis au beau. Mais qu'attendons-nous ici ?

Le lundi, nous avons reçu une lettre de Victor qui voulait nous faire plaisir en nous annonçant que cent des nôtres devaient partir ce jour même et soixante autres le jeudi suivant.

Les lettres... jamais écrites

Hélas, ses informations étaient prématurées mais, par bonheur, M. Giraud. nous a indiqué la liste des cent premiers dont les noms commencent par A jusqu'à L, qui partiront mercredi et les autres, dont je suis avec Peter, partiront le jeudi.

On nous avait tous rassemblés dans la même brigade depuis le départ des premiers, alors je te laisse le soin d'imaginer le chahut que nous avons fait le mardi soir. Il y a deux mois, une équipe de gardiens serait intervenue énergiquement et sans ménagement. Et là, rien. Nos nerfs étaient à vif, mais pour se réjouir. Nous n'avons pas été déçus car le mercredi 27 octobre au matin, on nous a tous mis à la porte à 9 heures et demie et notre colonne s'est dirigée en camions vers la gare de Pontevedra d'où le train nous a emportés à 11 heures et demie. Pouvais-je me considérer comme libre après ces 226 jours de taule ? Les Dames et M. Giraud ont été très gentils avec nous et ont fait ce qu'ils ont pu pour alléger nos misères malgré notre hargne.

Le train nous a semblé meilleur qu'à l'aller, nous ne sommes pas enchaînés, il n'y a pas de tunnels et moins de fumée. Et nous sommes arrivés à Madrid le 28 à 3 heures et demie. Dirigés vers les bureaux madrilènes de la Croix-Rouge, nous avons été habillés "de propre". J'ai pu quand même garder ma veste de cuir, mais tout le reste ne vaut pas mieux que la poubelle... ou l'incinérateur.

Nous avons couché à l'hôtel le soir, dans un lit avec des

douzième lettre

draps propres, après une douche chaude et salutaire. Demain, nous pourrons revêtir nos vêtements neufs. C'est de la qualité légère, mais pour les quelques jours où nous sommes encore des civils, ce sera parfait. Seules les espadrilles paraissent choquer les Espagnols lorsque nous déambulons dans les rues de la capitale ; c'est vrai qu'ici on n'est qu'un va-nu-pied si on n'arbore pas des "vernis".

Crasseux dessous, sans doute, mais chemise blanche et souliers brillants ! C'est la règle. C'est curieux, nous nous sommes pourtant rasés de frais avec savon, blaireau et rasoir mécanique que nous avons reçus avec les vêtements.

Notre vendredi de touristes à Madrid nous a permis une très courte visite et nous nous sommes fait tirer le portrait, Pierre et moi, devant le monument à Don Quichotte et Sancho Pança, les héros de Cervantes. A 18 heures, le train nous emportait vers le sud. Nous étions vraiment des touristes, cette fois-ci, libres et contents.

Le voyage fut un peu long car Malaga nous reçut le samedi à 17 heures 15. Un tramway nous attendait pour nous conduire à la Plaza de Toros, autrement dit, les arènes. Ce n'était pas pour assister à un spectacle tauromachique et encore moins pour y participer, non merci ! C'était pour y dormir dans les gradins où de la paille avait été déposée pour notre confort.

Ici, la température est clémente, il fait beau, la mer est proche. Guy Oveid allait se promener, je partis avec lui le soir. Nous étions libres !

Les lettres... jamais écrites

Les lumières des maisons éclairaient la ville, le port. Nous emplissions nos yeux de vie libre et de lumières, mais nous fûmes vite las et nous rentrâmes heureux et prêts à dormir dans les arènes.

Le départ n'était pas pour le dimanche 31, alors nous en avons profité pour monter au belvédère et avoir cette vue splendide, que Malaga réserve aux curieux, sur toute la cité.

J'ai fait un tour à la messe de la cathédrale ; c'est très bruyant, une vraie foire ; il ne faut pas compter se recueillir dans une église espagnole.

Mais la pluie est venue gâter l'après-midi. Désœuvré, je tournais ma pensée vers la France et les miens, je méditais sur cette aventure, j'avais pris des notes au jour le jour afin de pouvoir raconter, au retour !

Le soleil nous a souri de nouveau le lundi et, en compagnie de Peter, nous avons vu de beaux jardins, nous avons erré dans les petites rues assez colorées vers le port. Avec nos derniers sous espagnols, nous avons voulu goûter un seul petit verre de ce bon vin de Malaga... Il était temps de rentrer, nous avons fini sur la paille, ça tournait, ça tournait !

Comme nous avons retrouvé notre ami Victor Mechoulan, alias Morlaix, nous en avons profité pour nous faire photographier au bord de la mer.

Nous devons partir demain, mardi. A nous, l'Afrique !

Document

A gauche, Pierre Weinstein, à droite l'auteur, en "touristes" à Madrid, après avoir été rhabillés de propre par la Croix-Rouge. Les cheveux ont commencé à repousser. Les haillons des taulards sont passés à l'incinérateur et les poux ont été éliminés.

Les lettres... jamais écrites

TREIZIEME LETTRE

Fez, (Maroc) le 5 décembre 1943,

Mon cher ami, nous allons d'espoir en déception, de déception en doutes, de doutes en espoirs. Heureusement que nous nous sommes fixé un but bien précis et que cela nous tient à cœur.

Nous avons bien pris le bateau le 2 novembre à 10 heures et demie. Il s'agit du Sidi Brahim qui faisait précédemment la ligne de Corse au continent. A 14 heures dix nous partions enfin de Malaga. Nous étions entassés je ne sais à combien dans ce rafiot. On nous a montré les bouées en cas de coup dur... Nous devions doubler Gibraltar et nous diriger vers Casablanca. Il paraît qu'il y a parfois des sous-marins allemands, mais nous serons escortés de loin. Bon !

Je veux te dire un mot du bateau, singulièrement de son pont car j'ai préféré rester à l'air. Le long du bastingage, une sorte de cabanon dénommé W.C., tendu en échauguette au-dessus de la mer, laissant au hasard du vent et du roulis le soin de distribuer ce que tu penses sur les poissons ou sur la coque. Et l'endroit fut achalandé, crois-moi, surtout dès que nous eûmes dépassé les colonnes d'Hercule. Ceux qui n'avaient pas absolument besoin de se dévêtir pour s'alléger n'avaient qu'à se pencher par dessus bord, s'ils pouvaient y parvenir.

Quelle traversée ! Même non sujet au mal de mer, on avait des haut-le-cœur à voir les autres. L'odeur du mazout était recouverte, dépassée ! Enfin, tout s'est bien passé sans alerte et le mercredi à 17 heures trente, nous étions en vue de Casablanca. Un stop en rade et une attente ; l'ambiance est meilleure qu'en mer mais nous aimerions bien sortir de cet endroit nauséabond.... Ce ne sera que le jeudi à 10 heures et demie que nous entrerons au port.

Haut les cœurs, quel accueil ! La fanfare nous attendait ; manœuvres, accostage. A 11 heures et quart, nous commencions à débarquer avec accompagnement de musique militaire. Malgré nous, entraînés, nous marchions au pas en redressant nos carcasses épuisées. Des dames et des assistantes de l'Armée nous accueillaient avec le sourire, du chocolat et des sandwichs. De la bière et des cigarettes pour ceux qui en voulaient. Si l'on nous avait armés à ce moment précis, sûr que nous aurions débarqué tout seuls en France pour renvoyer les Teutons chez leurs mères. Enfin, nous étions gonflés !

Des camions militaires arrivèrent où l'on nous fit monter. Et nous voici en route, la grande aventure tant attendue allait commencer. On riait, on chahutait le long des quelques

Les lettres... jamais écrites

20 kilomètres que nous parcourûmes. Et ainsi, nous sommes arrivés au camp de Mediouna, entouré de fils barbelés avec une lourde grille qui s'est refermée derrière nos camions. Nous nous interrogions. Il est interdit de sortir, nous sommes de nouveau piégés, encore taulards ! On nous expliquera que c'est à cause de certains moutons qu'il faut débusquer, car des espions peuvent être parmi nous. Peut-être, mais on n'a pas donné d'exemples et pourtant, des évadés de France, il y en a depuis 1941. Moi qui suis un peu raisonneur, je suppose qu'un copain d'Adolf se serait arrangé avec les autorités espagnoles pour rester emprisonné peu de jours, juste pour ne pas perdre la face ni son temps. Enfin, les services secrets... la grande muette... Nous serons, malgré tout, logés convenablement dans des baraques aménagées en chambrées, avec des lits, et nous serons bien nourris. Mais les journées sont d'une longueur déconcertante.

Le vendredi, je suis passé au bureau médical, vaccin, visite : bon pour le service armé. Je suis là pour ça, avec mes 56 kilos sous mon mètre et 76 centimètres, l'Intendance n'a plus qu'à me nourrir. Le samedi, identité au bureau n°1. Le dimanche, bureau n°2, questionnaire :

-"Vous voulez retourner en France ?"

-"Bien sûr"-

-"Pourrait-on vous parachuter en France ?"

-"Si c'est nécessaire, peut-être. Mais il faudra d'abord me montrer comment fonctionne un parachute pour que j'arrive en état de marche !"

treizième lettre

- "Bien, on avisera"-

Le lundi, le manège a continué avec les bureaux n°3,5,6,7. C'était d'un passionnant ! Mais qu'est-ce que nous foutions donc dans cette taupinière ?

Ce qui était moins passionnant, c'était de déambuler dans le camp autour de podiums montés comme des baraques foraines, avec dessus comme des "sergents recruteurs", qui étaient souvent des officiers. C'était un peu écœurant d'entendre les uns ou les autres faire de la retape pour leur régiment ou leur arme.

"Viens chez moi, c'est bien parce que bla,bla,bla... Vas pas avec les xxxxx c'est pas intéressant."

Voilà pour les propos les plus amènes, d'autres fois, les xxxxx étaient des xxxx !... Peter, qui est redevenu Pierre Weinstein, et moi, nous faisons équipe et nous nous interrogeons. Nous sommes abasourdis, déçus. Nous sommes retombés dans une foire d'empoigne, comme au 18e siècle.

-"Que penses-tu de l'aviation ?"-

Je ne sais plus lequel de nous deux a posé la question le premier ou si nous l'avons posée ensemble. C'était bien la seule arme avec la Marine, qui ne se faisait pas remarquer par un racolage outrancier. Nous en avons pensé la même chose, et quand on nous a demandé notre choix, c'était dit.

Aussi bien, le lundi 8 novembre, nous sommes arrivés à midi à la Base aérienne 209. Un petit tour dans les bureaux pour dire que nous sommes là et une promenade dans

Les lettres... jamais écrites

Casablanca, voici pour les activités du jour. Casablanca m'a donné l'impression d'une ville laide et sale, en désordre. Le lendemain, nous avons refait le même parcours, mais en uniforme, dans la plus pure tradition de l'élégance et du pratique militaire français, à l'exception des bandes molletières auxquelles l'Armée de l'Air échappait. (Sans doute parce que, toujours défaites, elles auraient pu se prendre dans les hélices des avions !).

Nous avions un uniforme de gros drap bleu marine, épais, raide avec vareuse et capote du même bois. Et pour cacher tout ça, un béret qui avait dû souffrir de restrictions budgétaires : le genre cupule de gland de chêne ! En noir. Un seul avantage, à mon avis : nous n'avions pas l'air maigres. Si l'ennemi tire sur nous, il a neuf chances sur dix de trouer les vêtements sans atteindre le bonhomme.

Ce qui est remarquable dans l'armée que nous avons rejointe, c'est l'insigne. Nous devons porter sur la vareuse une sorte de plaque hexagonale portant un coq sur fond tricolore, le tout monté sur une patte de cuir percée d'une boutonnière. Je trouve que c'est peu pour des gens qui pensaient rallier la croix de Lorraine, aussi j'achetai une petite croix de Lorraine dans un bazar et, empruntant une agrafeuse, je la mis au-dessus du coq, sur la patte de cuir. Cela en intrigua plus d'un, mais que m'importe.

Bon, nous ne sommes pas là pour faire les gandins ! Ma fiancée ne me voit pas, je préfère cela. Mais le mercredi fut pareil, ça commençait à devenir ennuyeux et le jeudi onze novembre, nous avons eu un peu de distraction avec la musique militaire. Le vendredi, je ne pouvais plus voir Casa. Cette ville me sortait par les yeux ! D'autant plus que ce jour là, repassant une visite médicale au titre de l'aviation, en vue de spécialisation, j'ai fait état de mes connaissances en radio, comme on me le demandait, et j'ai émis le vœu d'entrer comme radio de bord. Le toubib m'a examiné pour finir par me dire que ce n'était pas possible, pour la raison que je porte des lunettes

-"Mais, docteur, il ne me manque qu'un dixième."
-"Ca ne fait rien, pas de lunettes au personnel navigant."
-"Mais je ne veux pas piloter, je souhaite être radio de bord"
-"C'est égal, et puis vous avez des dents plombées".
-"Ah, bon ? Ca empêche de voler ?"
-"Oui, mon petit, c'est le règlement qui veut ça"-

Il n'y avait plus rien à répondre, j'avais franchi l'Himalaya de la sottise, ou bien c'est que nos avions ne peuvent pas être surchargés par des plombages dentaires ! Il doit être interdit au personnel navigant d'avoir une carie sous peine de se retrouver "aux pluches".

J'étais complètement déprimé, et plus question de changer d'arme. *Alea jacta est.* Pierre est comme moi, mêmes observations, même résultat. Nous serons dirigés sur Blida par le train du dimanche matin. Munis de provisions et d'un ordre de mission, nous avons voyagé normalement dans un compartiment pour voyageurs. Le voyage du Maroc en

Les lettres... jamais écrites

Algérie fut très long. Le paysage était aride, triste, inexistant. Après avoir traversé le lundi et le mardi dans ce train, nous arrivions le mercredi à Blida où on nous attendait pour nous conduire à Beni-Mered, petit bourg situé à quelque distance de Blida.

Bureaux, formalités, questionnaires ; pour la quatrième fois, nous répétons les mêmes choses. Le vendredi, nous avons visité Air Supérieur à Alger où un sergent sympathique s'est occupé de nous. Le samedi, un commandant nous fera diriger sur Fez pour préparer la spécialité de radio de l'Armée de l'Air. Il nous dit qu'après cette spécialisation, ce sera peut-être l'école d'aspirants de réserve en raison de nos antécédents.

Il y a de quoi en avoir assez. Nous faire voyager de Casa jusqu'à Alger pour nous renvoyer à Fez, à 250 kilomètres de notre point de départ. N'y avait-il pas à Casa un officier assez compétent pour prendre la même décision ? Tout ce cirque depuis le mois de mars pour être presque dégoûtés d'être venus. Heureusement qu'au fond de nous, il y a cette flamme secrète qui veut que nous fassions le maximum avec nos moyens en ne nous souciant pas de toutes les stupidités que nous découvrons ni des pertes de temps. Nous pensions que l'armée en temps de guerre était destinée à faire la guerre à l'ennemi. Nous découvrons que c'est aussi fait pour remplir des questionnaires, pour attendre, pour se faire tout petit. Nous étions arrivés le 3 novembre à la côte africaine, nous arriverons le 4 décembre à Fez pour, enfin, commencer la carrière militaire qui nous attend. Le voyage de retour a été plus rapide que celui de l'aller car nous avons pris l'express, il n'a mis que deux jours et demi... Nous avons eu la chance toutefois, de faire la connaissance à Alger de personnes qui ont été d'une gentillesse appréciée. Elles nous ont permis de patienter sans trop de peine, en attendant les décisions de nos chefs. En attendant, par exemple que les services de Blida retrouvent notre fiche de départ qu'ils ont égarée. Nous avons heureusement trouvé pas mal de réservistes parmi les officiers et sous-officiers. On se comprend mieux entre nous. Ça y est, nous sommes enfin lancés sur la voie du retour. Et nous avons bien l'intention de faire pour le mieux ; allons, il est temps de rentrer.

Je te salue.... militairement.

Malaga, les arènes

Documents

Par ordre de la gauche vers la droite :
Pierre Weinstein
Victor Mechoulan
J.-C. Montagné
à Malaga, la dernière photo souvenir de l'Espagne en hommes libres qui vont embarquer dans quelques heures à bord du Sidi-Brahim.

Évadés de France quittant les arènes de Malaga pour aller au port.

Documents

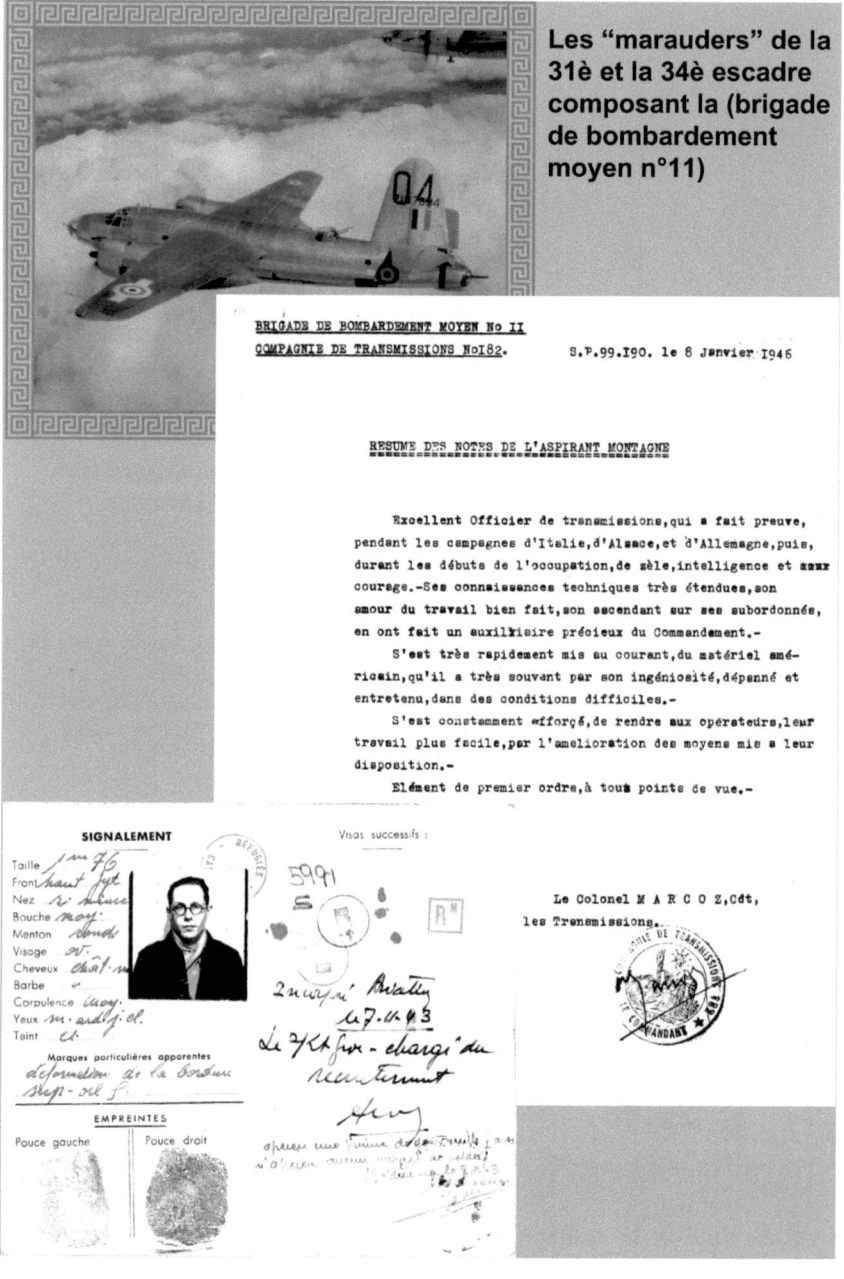

Les "marauders" de la 31è et la 34è escadre composant la (brigade de bombardement moyen n°11)

ÉPILOGUE

<u>En mémoire de mes amis proches, disparus.</u>

Avant toute chose, l'auteur se doit de penser d'abord à ses amis proches, compagnons de misère, cités dans cet ouvrage et qui sont décédés depuis la première écriture.

Pierre Durban devenu médecin psychiatre a été emporté par un cancer contre lequel il a lutté pendant treize ans. Toute sa vie, il a servi la cause des Évadés co-détenus en attestant des maladies qu'ils avaient endurées pendant leur internement.

Pierre Weinstein que la maladie a emporté. Sa sœur Suzanne dont le sort l'inquiétait avait été déportée à Buchenwald après avoir été dénoncée. Médecin, elle recueillait des Résistants parachutés. Revenue, elle n'a survécu que quelques années en exerçant sa profession de médecin-pneumologue.

<u>Généralités sur l'internement.</u>

D'après les informations recueillies par le Pr Robert BELOT, on relève les chiffres suivants :

Epilogue

23.000 personnes ont passé la frontière. 19.000 à 20.000 se sont engagées.

Dans la huitième lettre, nous parlons du camp de Miranda de Ebro sans savoir alors exactement ce qu'était ce camp. Aucun de ceux qui étaient avec l'auteur ne le savait, et pour cause. C'est plus tard, après leur libération, que les français qui ne connurent que la prison eurent des informations sur ce camp. La construction du camp de Miranda, son organisation et sa mise au point avaient été conçues par des nazis envoyés par Hitler pendant la guerre d'Espagne pour y interner les Républicains Espagnols.

Une note sur Miranda, rédigée par la Confédération Nationale des Évadés de France et des Internés en Espagne, ci-dessous, reprend la description de cette horreur en détails. De même que des camps de la mort en Allemagne ont disparu, le camp de Miranda de Ebro en Espagne a été démantelé quelque temps après la fin des hostilités et sa trace a complètement disparu. Seule une plaque commémorative apposée par les Républicains espagnols en conserve la mémoire.

Une question peut se poser après le récit de l'auteur qui, il faut le rappeler, correspond exactement à ce qu'il savait et à ce qu'il vivait en 1943, sans tenir aucun compte de ce qu'il a appris par la suite. Cette question est la suivante : pour quelle raison les Français internés ont-ils été libérés par les Espagnols. Reprenons pour cela un passage d'un article de M. Jean Houdart † paru dans le quotidien "Le Monde" et qui fait le point avec une telle précision sur cette question que nous le reproduisons in extenso avec la permission que nous avait accordée son auteur.

" Peu après le débarquement allié en Afrique du Nord, les autorités françaises d'Alger mirent comme condition à la reprise du commerce avec l'Espagne la reconnaissance par Franco de leurs représentants à Madrid. Pas si vite ! L'Espagne devait encore ménager Hitler, même si Franco ne croyait plus à sa victoire. Alors, le Comité Français de Libération Nationale (C.F.L.N.) -constitué à Alger en juin 1943- suspendit les livraisons de phosphate marocain. Les Britanniques et les Américains arbitrèrent et un accord intervint en juillet 1943 : un premier contingent de phosphate contre une mission française représentant le C.F.L.N. à Madrid. Le colonel Malaise, chef de la mission, et Mgr Boyer-Mas, délégué de la Croix-Rouge s'installèrent dans un vieil hôtel de la rue San Bernardo. C'était l'ambassade officieuse de la France combattante et aussi la base madrilène des réseaux de liaison et de mission ".

Et les évadés ? "Ippécourt" témoin privilégié puisque responsable à San-Bernardo de ces réseaux, le dit sans ambages : " Le phosphate marocain est, si choquante qu'en soit l'idée, une monnaie d'échange et une arme diplomatique dont Alger entend se servir. Peu importe que, dans les négociations franco-espagnoles, le rapprochement ne soit jamais fait entre les réfugiés et le phosphate. Cet échange, qu'on ne formule pas reste implicitement le fond

Epilogue

de pourparlers qui, politiquement, ont pour objet 20.000 réfugiés et économiquement quelque 500.000 tonnes de phosphate. Les livraisons de matières premières et d'hommes se font progressivement, par petits lots ".

Les Évadés de France n'étaient pas partis pour recevoir des récompenses, (ni pour se " réfugier ", terme qui a été utilisé par les Espagnols et maladroitement repris par des Français) toutefois ils ont apprécié de recevoir, peu de temps après leur engagement, une lettre de félicitations signée par le Général Giraud (voir fac-similé), et de pouvoir devenir titulaires après la guerre de différentes décorations dont la Médaille des Évadés, la Croix du Combattant Volontaire 1939-1945, la Médaille du Combattant Volontaire de la Résistance, la Médaille de la Déportation et de l'Internement pour faits de Résistance pour ceux qui ont été internés plus de 90 jours, et la Croix du Combattant. De plus, un grand nombre d'entre-eux ont reçu des décorations et citations pour faits de guerre, Légion d'honneur, Médaille militaire, Croix de guerre.

<u>Les lieux d'internement en Espagne</u>

On peut classer les lieux d'internement en Espagne en trois grandes catégories :

1°- Les camps d'internement- Durée d'internement de 1 à 18 mois. Le principal était le camp de Miranda de Ebro conçu et mis au point par des spécialistes allemands des camps de concentration comme il a été dit plus haut.

Les lettres... jamais écrites

Quelques camps secondaires, improvisés, sommairement organisés, à la discipline moins rude que Miranda, comme le campo de Hilatura, qui était un ancien hall d'usine de filature désaffectée.

2°- Les prisons locales- Durée d'internement de 1 à 9 mois. Dans ces prisons, on le voit dans le récit, les prisonniers sont plus ou moins mêlés aux prisonniers de droit commun et aux "politiques". Les conditions de promiscuité, le manque d'hygiène et la rigueur disciplinaire étaient un lot commun. On y trouve les noms de : Saint-Sébastien - Bilbao - Santander - Vittoria - Burgos - Pamplona - Jaca - Huesca - Sort - Barbastro - Tremp - Zarragossa - Solsona - Lerida - Figueras - Gerone - Barcelona - Tarragone - Reus - Logrono.(de 1 à 3 mois).Pontevedra - Figuerido - Orense - Zamora - Palencia - Caceres - Castellon de la Plana - Valencia - Badajoz - Linares - Cordoba - Sevilla - Huelva - Granada - Totana - Murcia - Cadiz - Cartagene - Almeria.

3°- Les "balnearios" au nom enchanteur étaient d'anciens hôtels de stations balnéaires transformés en prisons et gardés par l'armée espagnole depuis février 1943- Durée d'internement de 1 à 12 mois : Almazan - Arnedillo - Alhama de Aragon - Betelu - Burguette - Belascoin - Caldas de Malavella - Celanova - Cestona - Fuenterrabia - Deva - Hellin - Irun - Jaraba - Leiza - Lecumberri - Murguia - Nanclares de la Oca - Molinar de Carranza - Onteniente - Pontevedra - Solan de Cobras - Sobron - Uberruaga de Ubilla - Valdeganda - Zarauz - Zumaya.

Général Commandant en Chef

ETAT-MAJOR PARTICULIER

N° 5460.

LETTRE DE FÉLICITATIONS

Le Général d'Armée GIRAUD, Commandant en Chef, adresse ses félicitations à u soldat de 2me classe MONTAGNE Jean claude, de l'Armée de l' Air qui a quitté volontairement la FRANCE occupée par l'Armée Allemande pour venir combattre dans les rangs de l'Armée Française en Afrique et libérer la Patrie.

A rejoint l'Afrique du Nord, malgré de graves difficultés qu'il a su surmonter grâce à ses qualités de courage et d'énergie.

ALGER, le 22 NOV

Les lettres... jamais écrites

LE CAMP DE MIRANDA DE EBRO.

Il était situé dans le nord-ouest de l'Espagne, à une altitude moyenne avec des étés chauds et des nuits froides ; toujours venteux avec des tourbillons de poussière l'été et une bise glaciale l'hiver. La mauvaise saison est rude avec des brouillards en octobre et de la neige l'hiver.

Le schéma du camp est classique : murs, barbelés, miradors, rangées de baraques en dur, dépendances, esplanades pour les appels, etc.. Dès 1940, il referme des milliers de prisonniers : survivants des Brigades Internationales venues assister les Républicains dans la guerre civile, premiers arrivants par la frontière de France (Polonais qui deviendront le noyau de l'Armée Anders, hommes de différentes nationalités, etc..). Pendant des années, le camp ne désemplit pas car sitôt qu'un convoi partait, des prisonniers venant des balnearios ou d'autres prisons refaisaient le complément.

Les baraques prévues pour 120 à 130 occupants en contiennent jusqu'à 200. Leurs dimensions sont de 30 mètres par 6 mètres. Un étage de plancher borde les grands côtés. Sol et étage sont divisés en "cales" centrées chacune sur une lucarne et séparées par des moyens de fortune comme des couvertures ou des haillons. Chaque cale mesure environ 3 x 2,50 mètres où vivent 4, 5 ou 6 prisonniers. On monte à l'étage par les piliers.

La baraque des W.C. est unique pour des milliers d'hommes. Une vie ne peut en effacer le souvenir tellement chaque ancien interné a été imprégné de son horreur. Nettoyée chaque matin par une corvée, elle prend en quelques heures un aspect hallucinant : la dysenterie est telle que, rapidement, cette baraque devient un lac de diarrhée sanglante envahissant peu à peu l'allée centrale qui finit par disparaître sous les immondices ; alors les prisonniers mettent en place des briques qui serviront de "perchoirs". Après la tombée du jour, plus personne n'y va, malgré la permission de s'y rendre sans veste, car il n'y a pas de lumière. Mais la dysenterie ne s'arrête pas au crépuscule, alors commence une course poursuite entre les malades qui veulent se soulager contre les murs des baraques, et les hommes de garde du camp. Cette garde comprend des patrouilles armées, mais aussi des internés désignés chaque soir par le "cabo" de chaque baraque et munis d'un gourdin. Le malade surpris est matraqué sur le champ sans pouvoir se plaindre à qui que ce soit. Ces matraqueurs ont été, de ce fait, appelés "imaginarios".

L'habillement est celui que les internés portent sur eux en arrivant. La quantité de nourriture est la même que dans les prisons. Le matin, louche de "jus" infect et, midi et soir, une louche de "rancho" et les 100 grammes de pain quotidiens.

Dans la recherche de nourriture, des vêtements sont vendus, une prostitution masculine de misère existe. Il est interdit de s'approcher des cuisines et même des tas d'ordures. Les vols d'aliments ou même de détritus sont punis par un matraquage suivi d'un enfermement au cachot, le "calabos".

Les baraques sont dirigées par les "cabos", caïds redoutables et vénaux qui trouvent le moyen de vivre assez convenablement (ce sont des places qui s'achètent comme celles des employés aux cuisines ou au nettoyage des W.C. - ces hommes perçoivent une ration supplémentaire et du vin.) Les apatrides forment une caste, ce qui entraîne des antagonismes permanents ; les bagarres sont fréquentes.

<u>L'infirmerie.</u> Un médecin militaire espagnol y fait une brève apparition matinale. En fait, ce sont des médecins ou étudiants en médecine internés qui s'en occupent. Il y a peu de place, seuls les malades les plus graves peuvent y être reçus. Il y a peu de médicaments et les évacuations sur l'hôpital ne sont accordées que pour des cas rarissimes.

L'infirmerie fut longtemps aux mains des apatrides. En accord avec le délégué de la Croix-Rouge-Française, il a été créé un service médical français autonome qui assure des consultations dans un ancien magasin du camp nommé "botiquin", avec des moyens très insuffisants et très peu de médicaments.

Il fait cependant isoler les malades atteints de la gale et

réprime le marché noir de denrées passant par des mains souillées, etc..

En septembre 1943, le service français finit par contrôler toute l'organisation sanitaire : service et consultation.

📖

Quelques titres d'historiens sur le même sujet :
R. BELOT, Aux frontières de la Liberté, Fayard, 1998
R. BELOT, Paroles de Résistants, Berg international, 2001
E.EYCHENNE, Montagnes de la peur et de l'espérance, Privat, 1980
E.EYCHENNE, Les Pyrénées de la liberté, France-Empire, 1983
E.EYCHENNE, Montagnards de la Liberté, Milan, 1984
E. EYCHENNE, Les portes de la liberté, Privat, 1985 -
E.EYCHENNE, Les fougères de la Liberté, Milan
Gisèle LOUGAROT, Dans l'ombre des passeurs, Elkar, 2005

Un film documentaire sur DVD : " La filière espagnole " aux productions de l'Ours. 2007.

Historia del Campo de Concentracion de Miranda de Ebro (1937-1947), Jose Angel Fernandez Lopez, chez l'auteur 2003-ISBN 84-607-7788-X

Diverses stèles commémoratives ont été érigées en plusieurs points proches de la frontière franco-espagnole. Une plaque orne un mur aux Invalides à Paris.

Une statue dédiée à tous les évadés et payée par leurs associations a été érigée dans la cour d'entrée de la Mairie du 16ème arrondissement à Paris, œuvre de Maria Zsouzsa de Faykod

Documents sur le camp de Miranda de Ebro

La sortie de la gare de Miranda de Ebro. Au delà ce n'était pas la Liberté mais le camp aujourd'hui effacé même des mémoires.

Maquette du camp de Miranda de Ebro due au talent de Maurice Chauvet (un ancien du commando Kieffer). Cette maquette est exposée au Musée de l'Ordre de la Libération à Paris.

Documents sur le camp de Miranda

En haut : attente pour le "rancho"
A gauche : un garde espagnol en armes
En bas : "dégustation" ???

Table des Matières

Préface
Avant-propos   p. 9
Première lettre   p 13
Deuxième lettre   p. 23
Troisième lettre   p. 27
Quatrième lettre   p. 31
Cinquième lettre   p. 39
Sixième lettre   p. 57
Septième lettre   p. 69
Huitième lettre   p. 77
Neuvième lettre   p. 101
Dixième lettre   p. 122
Onzième lettre   p. 139
Douzième lettre   p. 147
Treizième lettre   p. 156
Epilogue   p. 165
Le camp de Miranda de Ebro   p 171
Bibliographie   p. 174
Documents   pp.22 ; 36 ; 37 ; 38 ; 67 ; 68 ; *68* ; 99 ; *99* ; 100 ; *138* ; 154 ; *162* ; *163* ; 163 ; 164 ; 170 ; *175* ; *176*

La plupart des documents sont la propriété de l'auteur, mais les pages numérotées ci-dessus *en italique* montrent aussi des documents provenant de la Confédération nationale des Évadés de France. (dissoute en 2000).

ISBN: 978-2-3225-6972-4
© 2025 Jean-Claude Beïret Montagné
Édition : BoD · Books on Demand, 31 avenue Saint-Rémy, 57600 Forbach, bod@bod.fr
Impression : Libri Plureos GmbH, Friedensallee 273, 22763 Hamburg (Allemagne)
Dépôt légal : Avril 2025